Your Teen: 가르침보다 관계가 먼저다

리시 리노 지음
정성묵 옮김

Your Teen: 가르침보다 관계가 먼저다

1쇄 발행	2025년 1월 7일
지은이	리시 리노
옮긴이	정성묵
펴낸이	고종율
펴낸곳	(주)도서출판 디모데 〈파이디온선교회 출판 사역 기관〉
등록	2005년 6월 16일 제319-2005-24호
주소	서울특별시 서초구 서초대로 141-25(방배동, 세일빌딩)
전화	마케팅실 070) 4018-4141
팩스	마케팅실 02) 6919-2381
홈페이지	www.timothybook.com
ISBN	978-89-388-1713-6 (03230)

ⓒ 2025 도서출판 디모데 All rights reserved. 〈Printed in Korea〉

The Heart of Your Teen

ⓒ 2019 by Lissy Rienow
Originally published in English under the title *The Heart of Your Teen: An Insider Look at the Parent-Teen Relationship* by Randall House Publications, 114 Bush Road, Nashville, TN 37217, USA.
All rights reserved.

This Korean translation edition ⓒ 2025 by Timothy Publishing House, Inc., Seoul, Republic of Korea
Published by arrangement with D6 Family Ministy, P. O. Box 17306, Nashville, Tennessee, USA.

이 한국어판의 저작권은 D6 Family Ministry와 비독점 계약한 (주)도서출판 디모데에 있습니다. 신저작권법에 따라 한국 내에서 보호받는 저작물이므로 무단 전재와 무단 복제를 금합니다.

Your Teen:
가르침보다 관계가 먼저다

리시 리노 지음
정성욱 옮김

십대 자녀와의
관계 위에 세워가는
바른 양육

아빠와 엄마에게,
제 마음을 끈질기게
이해하려고 해주셔서 감사해요.
사랑해요.

들어가며

　　십대 자녀의 마음속에서 무슨 일이 벌어지고 있는지 알고 싶나요? 호르몬 불균형에 수시로 널뛰기하는 감정과 사회적 변화까지 여러분의 아들이나 딸은 지금 큰 변화를 겪고 있어요. 그래서 아마 여러분과 십대 자녀는 지금 감정의 롤러코스터를 타고 있을 거예요. 사춘기 자녀 양육에 관한 책은 시중에 차고 넘치도록 나와 있지요. 하지만 이 책은 좀 달라요. 이어지는 페이지에서 제가 여러분에게 알려주고 싶은 것은 십대들이 가진 시각이에요. 부모와 십대 자녀가 서로 더 잘 이해할수록 더 좋은 관계를 맺을 수 있다고 생각해요.

십대인 제가 부모들을 격려하는 책을 쓴다는 것이 좀 이상하게 보일 거예요. 그래서 먼저 제 소개부터 할게요. 저는 열아홉 살이고, 7남매 중 둘째예요. 우리 부모님은 제가 어릴 적부터 가정 사역을 해오셨어요. 부모님이 다른 부모님들에게 마음을 자녀에게 향하게 하고, 자녀가 하나님을 알고 따르도록 돕는 데 열심을 내라고 격려하시던 모습이 기억에 남아 있어요. 이 '가정 제자 훈련' 운동은 전국을 넘어 전 세계적으로 계속해서 성장해왔어요. 이 운동의 핵심 성경 구절은 말라기서 4장 5-6절이에요. "보라 여호와의 크고 두려운 날이 이르기 전에 내가 선지자 엘리야를 너희에게 보내리니 그가 아버지의 마음을 자녀에게로 돌이키게 하고 자녀들의 마음을 그들의 아버지에게로 돌이키게 하리라 돌이키지 아니하면 두렵건대 내가 와서 저주로 그 땅을 칠까 하노라 하시니라."

이 가정 사역에 하나님이 역사해주신 덕분에 많은 부모님이 자녀에게로 마음을 돌리는 일이 일어났어요. 하지만 저는 한 가지 의문이 생겼어요. '그럼 가정과 교회에서는 아이들의 마음이 부모에게로 향하도록 돕기 위해 무엇을 하고 있을까?' 말라기 성경에서는 쌍방향의 관계를 말하고 있어요. 부모와 십대 자녀의 관계가 좋아지려면, 부모와 자녀 모두 서로 마음을 향하게 해야 한다는 것이지요.

저는 학교 채플 시간에 부모를 공경하거나 형제를 사랑하거나 가정 안에서 종으로서 서로 섬기는 것이 무슨 의미인지를 가르쳐주는 설교를 거의 들어보지 못한 것 같아요. 사실 가정 안에서 관계를 잘 맺기란 힘든 일이에요. 자녀인 우리가 십대 시절에 원가정에서 관계를 잘 맺어야 나중에 우리 가정을 이룬 뒤에도 관계를 잘 맺을 수 있어요. 그래서 저는 지난 한 해 동안 여러 기독교 학교와 청소년 단체를 방문하면서, 가정에서 그리스도를 위해 살고, 그리스도 중심의 가족 관계를 맺는 법에 관해 강연했어요.

몇 달 전, 엄마와 함께 노스캐롤라이나주에서 D6 콘퍼런스 행사를 위한 강연 투어를 했어요. 그때 십대인 저에게 도전이 되었던 성경 구절과 우리 가족의 개인적인 이야기를 나누었지요. 그런데 강연 투어를 마친 뒤 랜들하우스 출판사에서 '십대 자녀와의 관계 개선'이라는 주제로 부모를 위한 책을 써보면 어떻겠냐고 제의해 주셨어요. 그 말을 들은 저는 고개를 갸웃거렸어요. 무엇보다 제가 부모는 아니잖아요. 양육 전문가는 더더욱 아니고요. 심지어 어디서부터 글을 써야 할지도 모르겠더라고요! 하지만 기도하다 보니 부모님들이 십대 자녀의 시각과 그들이 어떤 일을 경험하는지 알면, 큰 도움이 될 거라는 생각이 들었어요.

그래서 제가 첫 번째로 했던 일은, 전 세계 믿는 십대 20명을 대상으로 두 가지 질문을 던지며 인터뷰하는 것이었어요. "여러분이 고등학교에 다닐 때 부모님의 어떤 면이 좋았나요?" "부모님의 어떤 면이 싫었나요?" 거기서 나온 몇몇 대답에 저는 깜짝 놀랐어요.

이 책에서는 오늘날 부모님과 십대 자녀가 겪는 가장 힘든 문제를 살펴보려고 해요. 이성 문제, 소셜 미디어, 전자 기기 문제 등 부모와 자녀 관계에 자주 긴장과 갈등을 일으키는 주제들에 관해 이야기를 나눌 거예요. 다시 말하지만, 여기서 제가 양육에 관한 전문적인 의견을 내놓을 수는 없어요. 그 대신 제가 부모님과 형제자매와 좋은 관계를 유지하는 데 도움이 되었던 성경에 따른 원칙을 몇 가지 나누려고 해요. 이건 제가 질풍노도의 십대 시절에 배운 원칙이에요. 아울러 전 세계 여러 십대의 통찰력 있는 시각도 나누려고 해요. 하나님이 이 책을 사용하셔서, 부모들이 십대 자녀와 평생 가는 그리스도 중심의 관계를 맺을 수 있도록 격려하고 힘을 주시기를 간절히 기도해요.

차례

	들어가며	7
1장.	제자 훈련보다 관계를 우선해주세요	15
2장.	영적으로 성장하도록 격려해주세요	33
3장.	가정에서 서로 존중해야 한다는 것을 가르쳐주세요	49
4장.	형제자매와 잘 지낼 수 있도록 중재해주세요	67

5장. 스마트폰과 소셜 미디어를 잘 활용하도록 안내해주세요 81

6장. 건전한 이성 교제를 할 수 있도록 도와주세요 101

7장. 올바른 길로 나아가도록 인도해주세요 117

나오며 137

1장

제자 훈련보다
관계를
우선해주세요

우리 집에서 자주 쓰는 말 가운데 하나는 "제자 훈련보다 관계가 우선이다"예요. 저는 감사하게도 믿는 부모님 밑에서 자랐어요. 우리 부모님은 제가 예수님 따르기를 원하세요. 하지만 부모님이 저에게 '제자 훈련'을 하시려면 먼저 저와 관계를 돈독히 하는 데 시간을 투자하셔야 했어요.

당연한 말처럼 들릴 수 있지만, 현재 우리는 관계가 망가진 세상 속에서 살고 있어요. 전자 기기와 소셜 미디어가 뿌리를 내리면서 점점 더 많은 자녀가 진짜 관계를 맺는 데 어려움을 겪고 있어요. 믿는 가정이나 믿지 않는 가정이나 할 것 없이 다 그래요. 한 십대는 아빠와의 관계에 관해 이렇게 말했어요.

> 나를 사랑하지도 않은 것 같은 아빠가 나를 영적으로 훈련하려고 했을 때 화가 머리꼭지까지 났어요. 아빠가 성경 이야기를 꺼낼 때마다 화가 나서 듣고 싶지 않다고 소리치고 말았죠. 그런데 직접 성경을 읽으니까 신기하게도 말씀이 마음에 와닿기 시작하는 거예요. 아빠와의 관계가 좋지 않아서 아무리 아빠가

나에게 도움이 되는 말을 해도 받아들이기 힘들었던 거죠.

또래를 인터뷰하는 내내 이런 이야기를 계속해서 들었어요. 고등학교 시절에 저는 믿는 부모들이 자녀를 신앙적으로 양육하려고 애쓰는데 관계가 엉망이어서 원망과 분노만 유발하는 경우를 많이 봤어요. 자녀의 믿음이 성장하기를 바란다면 서로 마음을 열고 신뢰하는 관계를 쌓는 게 우선이에요. 우리 집에서는 이걸 '마음의 연결'이라고 불러요.

저와 부모님의 관계에서 중요한 것 중 하나는 제 십대 시절에 이런 마음의 연결을 이루는 것이었어요. 우리 가정이 이런 연결을 이루는 데 기초가 된 성경 구절은 잠언 23장 26절이었어요. "내 아들아 네 마음을 내게 주며 네 눈으로 내 길을 즐거워할지어다." 이 구절은 솔로몬이 알코올 남용과 성적인 죄라는 민감한 문제에 관해서 아들에게 쓴 글이에요. 솔로몬은 아들에게 정보만 주거나 뭘 하라고 말만 해주는 게 아니라 아들과 개인적인 관계 쌓기를 원했어요.

속이 울렁거리다

제가 고등학교에 다닐 때 부모님은 저와 마음의 연결을 이루려고 많이 노력하셨어요. 하지만 부모님 모두 믿는 분이었는데도, 당시 우리의 관계를 뒤흔드는 영적 공격은 무척 거셌어요. 부모님이 두 분의 마음을 제게 주시는 것만으로는 부족했어요. 저 역시 중학교, 고등학교 시절에 제 마음을 두 분께 드리려고 의식적으로 노력해야 했어요.

하나님은 제가 8학년(중학생) 때 아빠와 함께 웨스트버지니아주의 한 콘퍼런스에 참석했을 때 제 안에서 이 과정을 시작하셨어요. 당시 제 삶의 특정 부분들, 특히 남자아이들과의 관계에 관해 아빠에게 털어놓기가 쉽지 않았어요. 당시 남자 친구도 없었고, 관심이 가는 남자애도 없긴 했어요. 하지만 이 민감한 주제와 관련해 아빠에게 제 생각과 느낌을 솔직히 이야기하라는 성령의 음성을 느꼈어요. 이 일이 생생하게 기억나는 건, 이 문제를 놓고 고민하느라 주말 내내 속이 울렁거렸거든요. 이런 문제로 아빠와 대화하는 건 죽어도 싫었어요. 하지만 어색함을 이겨내고 아빠와 그런 대화를 시도했죠. 그렇게 허심탄회하게 이야기한 뒤에 아빠와의 사이에서 싹튼 따스함과 신뢰의 느낌은 상상했던 것보다 훨씬 좋았어요! 그 덕분에 우리의 관계에 감사하며 기분 좋게 새로운 한 주를 시작할 수 있었어요.

그로부터 한 달 뒤, 한 남자애에게 관심이 생겼어요. 아빠와 또 대화를 나누어야 할 상황이 된 거예요. 이번에도 속이 울렁거렸지요. '정말 하고 싶지 않아. 다른 사람은 몰라도 아빠에게만큼은 이성 관계에 관한 이야기를 하고 싶지 않아.' 이런 생각과 감정이 우리의 관계를 방해하는 영적 공격이라는 걸 깨닫기까지는 약간의 시간이 필요했어요. 사탄은 제가 아빠에게 마음을 여는 걸 원하지 않았어요.

많은 부모와 십대 자녀가 서로 마음을 터놓지 못하고 있어요. 요즘은 아예 부모가 조금만 간섭해도 자녀에게 꼰대 취급을 받는 분위기예요. 이런 마음가짐은 사실 원수가 주는 거예요. 원수는 부모와 십대 자녀의 마음이 서로 멀어지게 하려고 수단과 방법을 가리지 않으니까요.

영적인 존재가 저와 부모님을 모두 공격하고 있다는 사실을 깨달은 건 큰 수확이었어요. 왜 사탄과 귀신들은 저와 부모님 사이를 갈라놓으려고 그렇게 애썼을까요? 그건 부모님이 저를 격려해주시고, 제가 두 분의 사랑과 신앙적 가르침에 마음을 여는 것을 하나님이 원하시기 때문이에요. 그래서 부모님과 저는 우리의 관계를 방해하는 영적 공격에 맞서 매우 구체적으로 기도하는 습관을 길렀어요.

끈질긴 질문

우리 부모님이 평소에 제게 계속해서 의미 있는 질문을 던진 것이 그런 영적 공격을 물리치고 어색함을 깨고 허심탄회하게 대화하는 데 큰 도움이 되었어요. 제가 십대이다 보니 먼저 대화를 시작하기가 쉽지 않았어요. 그래서 아빠는 가끔 토요일 아침에 저를 데리고 식당에 가서 일부러 이런 질문을 하시곤 했어요. "얘야, 학교

생활은 좀 어떠니? 남자애들과는 잘 지내니? 교회는 어때? 오빠, 동생들하고는 잘 지내고?" 아빠가 그렇게 계속해서 질문을 해주시니 마음이 편해져서 아빠에게 마음을 터놓을 수 있게 되었어요. 물론 부모님이 질문할 때 좋지 않은 일이 있었거나 말할 기분이 아닌 적도 있었어요. 그럴 때 부모님은 억지로 대화하려고 하지 않으셨어요. 때로는 나만의 시간이 필요할 때도 있었죠. 부모님이 그런 시간을 존중해주시면, 나중에 준비가 되었을 때 더 편하게 이야기할 수 있었어요.

가장 어려운 대화는 개인적인 문제나 죄를 부모님에게 털어놓는 것이었어요. 그럴 때면 창피하거나 수치심이 들기도 했죠. 두 분이 어떻게 반응하실지 몰라서 두렵기도 했고요. 제 마음속에 안 좋은 것들이 있을 때 용기를 내서 두 분께 '제 마음을 드리기가' 쉽지는 않았어요. 하지만 어떤 경우에도 하나님이 나를 사랑하시고, 우리 부모님이 완벽과는 거리가 멀지만 역시 나를 무조건 사랑하신다는 사실을 깨닫기 시작했어요. 제가 무슨 말을 해도 부모님이 (때로 속으로 충격받기도 하셨겠지만) 사랑의 마음으로 귀를 기울여주실 거라는 확신이 조금씩 강해졌어요. 엄마는 제게 이런 말을 자주 하셨어요. "리시야, 우리한테만큼은 무슨 이야기를 해도 괜찮아. 네가 무슨 일을 했건 상관없이 우린 너를 사랑한단다."

제가 말하기 힘든 문제를 털어놓을 때 부모님은 성급하게 반응하지 않으시고, 저의 솔직함을 칭찬해주려고 애쓰셨어요. 그런 모습이 제게는 큰 의미로 다가왔어요. 부모님이 "솔직하게 말해줘서 정말 고맙구나. 그런 말을 기꺼이 털어놔줘서 기특하구나"라고 말해주신 덕분에 뭐든지 더 솔직하게 털어놓을 수 있었어요. 자녀가 부모에게 솔직하게 문제를 털어놓을 때마다 관계가 점점 더 좋아진다고 생각해요.

십대들과 인터뷰하면서, 부모님들이 잘 모를 법한 한 가지 사실을 발견했어요. 십대들은 부모가 자신의 삶에 관해 진지한 질문을 던지거나 신앙생활을 어떻게 하고 있는지 물어보길 바라고 있었어요. 그들은 부모와 대화를 나누고 싶다는 말을 여러 번 했어요. 다만 먼저 대화를 시작하기는 어렵다고 했어요. 부모님이 질문을 많이 던져주시기를 바란 것이지요.

그러니 부모님들이 자녀에게 먼저 질문을 하기 시

작하셨으면 좋겠어요! 몇 번 거부당해도 계속 시도해보세요! 진지한 대화를 나눠본 적이 별로 없다면 소소하게 시작하는 편이 가장 좋을 거예요. 딸에게 학교 친구들에 관해서 물어보세요. 아들에게는 스포츠 활동에 관해서 물어보시고요. 목표는 자녀의 고백을 끌어내는 것이 아니고 단순히 자녀의 삶과 마음속에서 무슨 일이 벌어지고 있는지 아는 거예요. 여러분의 자녀는 무엇을 좋아하고, 무엇 때문에 스트레스를 받으며, 무엇 때문에 행복해하고, 어떤 일에 슬퍼하고 있나요? 자녀의 마음이 열릴수록 그들을 더 효과적으로 양육할 수 있어요.

강력한 말

형제가 여섯이다 보니 한 가정 안에서도 모든 아이가 각기 다르다는 걸 알게 돼요. 어떤 아이는 선물을 받으면 사랑받는 기분을 느껴요. 말로 격려해주면 사랑받는다고 느끼는 아이도 있고요. 어떤 아이는 포옹을 좋아하죠. 여러분의 십대 자녀에게는 어떤 사랑의 표현이 통할까요? 제가 중학교 시절 엄마와 갈등을 겪었을 때

화를 내자 엄마는 "내가 널 사랑하는 걸 아니?"라고 물으셨어요. 그때 저는 "물론 알아요"라고 대답했어요. 계속해서 엄마는 "내가 널 얼마나 자랑스러워하는지 아니?"라고 물으셨어요. 솔직히 그건 잘 모르겠더라고요. 엄마가 저를 자랑스러워하지 않는 것 같았어요. 그때 부모님은 제게 그런 말을 해주는 것이 중요하다는 사실을 깨달으셨죠. 그래서 그때부터 제게 이 두 가지 말을 최대한 자주 해주려고 노력하셨죠. 부모님이 제게 해준 좋은 말에는 이런 것도 있어요. "네가 우리 딸이라서 좋구나." "네가 우리 딸이라서 자랑스럽구나." 이런 말은 제 마음을 치유해주는 말이었어요. 갈등이나 징계 같은 힘든 상황에서도 부모님에게서 자랑스럽다는 말을 들으면 놀라운 효과가 있어요.

    제가 인터뷰했던 십대 중에는 어릴 적에는 부모님에게서 인정해주는 말을 자주 들었지만, 나이를 먹으면서 잘 듣지 못한 친구가 더러 있었어요. 하지만 자녀는 어릴 적만큼이나 커서도 부모의 격려하는 말을 원하고, 또 그런 말이 필요해요. 부모와 십대 자녀 사이의 대화는 주로 지적하고 꾸짖는 말로 이루어지기 쉽지요. 하지만 그렇게 하면 마음의 건강한 연결이 점점 깨져요.

진실은 어렵다

고교 시절에 저는 학교와 교회에서 훌륭한 아이라는 칭찬을 자주 들었어요. 선생님과 친구들은 제가 다른 아이들보다 성숙한 것 같다고 자주 말했어요. 우리 집회에 참석하시는 분들에게서도 늘 칭찬을 들었고요. 하지만 집에서는 그렇지 못할 때가 많았어요.

앞서 말했듯이, 부모님은 저를 자주 격려해주셨지만 때로는 잘못도 지적해주셨어요. "이 부분은 좀 더 노력해야 한다. 이 부분은 좀 더 보완해야 해. 이 부분은 좀 미흡하구나." 집 밖에서는 긍정적인 평가만 듣는데, 집 안에서는 부정적인 이야기만 듣는 것처럼 느껴질 때도 있었어요. 그때는 정말 집에 가기 싫을 정도였어요. 이것은 저와 부모님이 극복해야 할 문제였어요.

제가 이야기를 나눈 십대도 비슷한 경험을 이야기했어요. 그 친구들도 감독이나 선생님, 중고등부 전도사님, 친구들에게 격려와 칭찬을 자주 들었어요. 하지만 집에서는 매번 지적하는 말만 듣는 것 같아 속상했다고 해요. 십대들은 부모님이 기를 꺾는 말만 한다고 느끼기 쉽지요.

돌이켜보면 제 안에 성숙하지 못한 구석이 많았어요. 부모님 눈에는 그게 보이는데 저는 아직 어려서 보지 못했던 거지요. 하나님은 제가 부모님의 말씀을 받아들일 수 있도록 점점 겸손해지게 하셨어요. 제 내면이 성숙해지자 점점 성장해야 할 부분이 눈에 들어오기 시작했어요. 제자 훈련을 위한 힘든 대화를 나누면서도 좋은 분위기를 조성하려면 저와 부모님 모두 변해야만 했어요.

부모의 사랑은 십대 자녀에게 무엇을 말해주는가?

모든 십대에게는 인정하는 말이 필요해요. 그것 외에도 모든 십대는 사랑을 느끼는 방식이 다 달라요. 제 경우에는 엄마가 방과 후에 저를 태우러 와서 함께 커피숍에서 수다를 떨거나 쇼핑할 때가 좋았어요. 제게는 그런 시간이 정말 특별했어요. 열여섯 살인 남동생은 밤

10시에 부모님이 햄버거 가게에 데리고 가서 더블 치즈버거와 큼지막한 밀크셰이크를 사주시면, 사랑받는다고 느꼈대요. 십대들이 좋아하는 걸 부모님이 함께 해주면 관계를 쌓는 데 큰 도움이 돼요.

저는 사교성이 많은 편이에요. 그런데 고등학교 시절에 부모님은 가족끼리 즐겁게 보내기 위한 시간을 따로 정해놓으셨어요. 그 시간에는 친구들을 만나는 것 같은 사교적인 활동을 할 수가 없었어요. 온 가족이 제가 좋아하는 영화를 보거나 동생이 좋아하는 식당에 가는 식으로, 가족들이 좋아하는 것을 돌아가면서 했어요. 그렇게 함께 즐기는 시간에 가족 관계가 한층 좋아졌지요.

학창 시절 친구 중 한 명에게 부모님의 어떤 행동이 친밀한 관계를 형성하는 데 도움이 되었는지 물어봤어요. 친구의 대답을 듣고 마음이 흐뭇해졌어요.

> 나는 댄서라서 평소에 공연과 발표회가 많았어. 우리 아빠는 춤에 관해서 아무것도 몰랐지만, 알려고 무던히 노력하셨지. 댄스 동영상을 보시고는 내게 전송

> 하면서 이것저것 진지하게 물어보시기도 했어. 내 공연에 빠짐없이 오셨고. 아빠가 나를 사랑하고 내가 좋아하는 걸 함께 즐기려고 애쓰시는 모습이 우리의 관계를 쌓는 데 큰 도움이 되었어.

친구의 이야기를 들으면서 저도 마찬가지였다는 걸 깨달았어요. 흥미가 없는 일이라도 자녀가 좋아하는 걸 함께 즐기려고 노력하는 부모님을 둔 건 정말 감사한 일이에요. 부모님은 제가 좋아하는 것들에 관심을 보여주셨어요. 그것이 두 분이 제게 사랑을 표현하신 방식의 하나였어요.

엄한 사랑과 실질적인 대가

모든 부모와 자식의 관계에는 징계가 있어요. 자식을 사랑하는 부모는 모두 때로 자식에게 벌을 주지요. 하지만 다른 십대들과 이야기를 나눠보니 건강하지 못한 패턴이 눈에 들어왔어요. 십대들은 자신이 어릴 적에 잘못했을 때는 부모님이 화를 내며 잔소리하기보다는 대가를 치르게 했다고 해요. 그런데 십대가 되니까 부모님이 벌을 주는 대신 화난 목소리로, 끝도 없이 잔소리를 늘어놓기 시작했다고 해요. 마치 잔소리가 하나의 벌인 것처럼요.

저도 부모님이 잔소리를 시작하시면 더는 말도 섞기가 싫어졌어요. 그렇지만 부모님이 공정한 대가를 치르게 하시면 잘못을 깨닫기가 훨씬 쉬웠어요. 부모님과의 관계가 나빠지지도 않았고요. 그렇다고 해서 벌을 받는 게 좋았다는 뜻은 아니에요. 다만 부모님이 공정한 벌을 주고 나서 차분한 음성으로 "이걸 고쳐야 해." 혹은 "네가 벌을 받은 이유는 이거야"라고 정확히 말해주시면, 부모님에게서 마음이 멀어지지 않고, 저에게 필요한 교훈을 잘 깨달을 수 있었어요.

포기하지 말라!

십대 시절에 가족과의 관계에서 많은 굴곡을 겪었어요. 좋은 시절도 많았고 힘든 시절도 많았지요. 그리고 모든 시기에는 배움과 성장이 가득했고요. 그 모든 일을 겪는 동안 하나님은 저와 부모님이 마음의 연결을 우선하도록 도와주셨어요. 부모님이 제 말에 귀 기울이지 않거나 부당한 처분을 내리시는 것처럼 보일 때 하나님은 제가 그것을 두 분께 솔직히 말할 용기를 주셨어요. 또 하나님은 부모님이 제 선택이나 집 안에서 보이는 불손한 태도를 지적하실 때 은혜 가운데 말할 수 있도록 도와주셨고요. 한번은 부모님이 저와의 관계가 냉랭하다는 생각이 들 때 저에게 이렇게 물으셨던 기억이 나요. "우리가 너한테 뭔가 상처를 준 게 있니? 아니면 무슨 일이 있었니? 왜 우리와 이야기하지 않으려는 거니?" 부모님은 우리와 마음이 연결되기 위해 하나님께 도움을 요청하셔야 했어요. 물론 저도 마찬가지였고요. 저도 제 마음을 두 분께로 향하게 해달라고 하나님께 도움을 요청해야 했어요. 특히 갈등을 겪고 있을 때는 그런 기도가 더 중요했어요.

제가 이야기를 나누었던 십대들은 부모가 자신을 포기하기를 바라지 않는다고 분명히 말했어요. 하긴, 부모님이 자신에게 더는 다가오지 않기를 바라는 자식이 어디 있겠어요. 부모는 갈등이 심하고 자녀가 거부한다고 해서 자녀와 가까워지려는 노력을 그만두어서는 안 돼요. 하나님은 모든 부모를 자녀의 영적 리더로 부르셨어요. 그렇다면 자녀를 신앙으로 키우지 못하도록 방해하는 모든 공격과 문제에 맞서도록 하나님이 충분한 힘도 주실 거예요. 계속해서 좋은 질문을 던지고, 긍정적인 말을 해주세요. 또 십대 자녀가 좋아하는 걸 함께 즐길 수 있게 해달라고 하나님께 요청하세요. 제자 훈련보다 먼저 관계를 챙기세요.

2장

영적으로
성장하도록
격려해주세요

성경의 신명기 6장 4-9절 말씀은 우리 가족의 유산을 바꿔놓았어요.

> 이스라엘아 들으라 우리 하나님 여호와는 오직 유일한 여호와이시니 너는 마음을 다하고 뜻을 다하고 힘을 다하여 네 하나님 여호와를 사랑하라 오늘 내가 네게 명하는 이 말씀을 너는 마음에 새기고 네 자녀에게 부지런히 가르치며 집에 앉았을 때에든지 길을 갈 때에든지 누워 있을 때에든지 일어날 때에든지 이 말씀을 강론할 것이며 너는 또 그것을 네 손목에 매어 기호를 삼으며 네 미간에 붙여 표로 삼고 또 네 집 문설주와 바깥문에 기록할지니라.

여기서 우리는 인생의 궁극적인 목적이 하나님을 온 마음으로 사랑하는 거라는 사실을 알 수 있어요. 이어서 하나님은 부모들에게 자녀가 하나님을 사랑하도록 도와주라고 말씀하세요. 그런데 부모를 가장 힘들게 만드는 점은 자녀가 하나님과 개인적인 관계 맺기를 거부

하거나 그 관계에 전혀 관심이 없는 거예요. 자녀가 영적인 문제에 관한 대화라면 질색하는 경우가 있어요. 혹은 교회에 가기를 거부할 수도 있어요. 우리 세대에 기독교는 위기에 처해 있어요. 고등학교와 대학교 시절에 기독교를 거부하는 젊은이가 점점 늘어나고 있지요.

신명기 6장 7절에서 찾을 수 있는 영적 형성을 위한 원칙 가운데 하나는 '가정 예배'예요. 하나님은 백성에게 집에서 그분을 예배하라고 말씀하세요. 그렇게 하는 방법의 하나는 가족이 함께 모여 기도하고 성경을 읽으며 가정 예배를 드리는 거예요. 우리 가족이 함께 집에서 예배드린 것은 제 영적 성장과 성숙을 이루는 기초가 되었어요. 그런데 부모님은 저에게 가정 예배 참석을 강요하지 않고, 단지 권면만 하셨어요.

고등학교 시절은 무척 바빠요. 할 일이 한두 가지가 아니에요. 밤에 숙제가 산더미처럼 쌓여 있는 날에는 가정 예배에 참석하지 않아도 부모님이 뭐라고 하지는 않으셨어요. 그렇게 엄마와 아빠가 제 바쁜 일정을 이해해주니까 최대한 가정 예배에 참석하고 싶다는 마음이 생겼어요. 십대 자녀가 있는 가정에서는 가족 구성원 한

명이나 모든 사람이 바빠서 가정 예배를 소홀히 하기가 쉬워요. 한 십대는 고등학교 시절에도 계속해서 가정 예배를 잘 드리는 것이 중요하다고 말했어요.

> 내가 어릴 적에는 부모님이 늘 저녁 식탁이나 잠자리에 들기 전에 신앙에 관한 대화를 나누고 성경 이야기를 해주셨어요. 가정 예배 덕분에 주일 아침 교회에 가서만 신앙생활을 하는 게 아니라 내 신앙과 삶을 하나가 되게 할 수 있었죠. 이런 분위기였기에 부모님께 신앙에 관한 의문을 털어놓는 게 더 편했어요. 우리 집에서는 한 주에 한 구절을 정해서 암송하는 전통이 있었어요. 그런데 요즘 우리 부모님은 내가 고등학생이기 때문에 말씀 암송을 하고 싶지 않을 거로 생각하시는 것 같아요. 그런데 사실 그렇지 않아요. 나는 지금도 가정 예배를 드리고 싶어요. 특히, 초등학교 4학년인 동생을 위해서라도 꼭 가정 예배를 드리고 싶어요. 동생이 내가 아는 기본적인 성경 이야기도 모르게 될까 봐 걱정이네요.

우리 부모님은 가정 예배를 드리는 것 외에도 일상 속 모든 상황에서 우리에게 신앙을 가르치려고 노력하셨어요. 우리와 이야기하다가 여행에서 역사와 과학, 정치까지 어떤 주제가 나오든 부모님은 우리에게 하나님에 관해서 가르치고, 두 분의 신앙 여정을 나눌 기회로 삼으셨어요. 교회나 가정 예배 시간만이 아니라 온종일 신앙적인 대화를 나눌 수 있어서 좋았어요.

그런데 우리 집에서 늘 가정 예배를 드리고 신앙적인 대화를 나누었더라도 저 스스로 신앙을 받아들여야 하는 순간이 왔어요. 믿는 집안에서 자라는 모든 아이에게는 부모가 가르쳐준 신앙을 받아들일지 거부할지를 결정해야 할 순간이 반드시 와요. 자녀의 신앙 여정에서 가장 중요한 부분은 하나님과 '개인적인' 관계를 맺는 거예요. 그렇지만 신앙생활을 부모가 통제하려는 것이 우리에게는 몹시 화가 나는 일이에요(엡 6:4). 제가 이야기를 나눈 십대들은 신앙생활을 권유하는 부모에게 감사하는 마음도 있었지만, 신앙생활을 통제하려는 부모님에게 반항하기도 했대요. 또 다른 사례를 소개할게요.

대학교 시절 후반부에는 교회를 다니지 않았어요. (부모님이) 신앙을 강요하진 않으셨지만, 틈만 나면 하나님에 관한 이야기를 하셨거든요. 내가 읽지도 않을 신앙 서적을 주기도 하셨고요. 물론 감사했어요. 당시에는 내가 아무런 호응도 하지 않았지만, 부모님은 계속해서 나를 신앙적으로 이끌어주려고 노력하셨어요. 내가 가지 않을 걸 알면서도 주일마다 교회에 같이 가자고 권유하셨죠. 그때는 부모님이 정한 교회가 마음에 들지 않아서 교회에 가고 싶지 않았어요. 그래도 부모님은 항상 나와 이 문제에 관해 이야기하고 싶어 하셨고, 나는 내 의견을 나눌 수 있어서 큰 도움이 되었죠.

신앙을 통제하려는 부모들은 자녀에게 심각한 피해를 줄 수 있지만, 제가 대화를 나눈 십대는 대부분 오히려 부모가 자신의 신앙 여정에 너무 무관심하다고 느꼈대요. 한 십대는 이렇게 말했어요.

> 내 부모님은 훌륭한 신앙인이셨어요. 두 분이 좋은 본보기를 보여주셔서 얼마나 감사한지 몰라요. 하지만 나 스스로 신앙생활을 열심히 하지 못한 건 아쉬워요. 고등학교 시절 나는 하나님과의 개인적인 관계를 가꾸기 위한 그 어떤 노력도 하지 않았어요. 부모님이 내가 알아서 옳은 길로 가고 있다고 생각하지 않고, 신앙생활을 잘하고 있는지 물어봐주셨더라면 더 좋았을 것 같아요.

고등학교 시절 제게 도움이 되었던 부모님의 질문에는 이런 것이 있었어요. "오늘 아침 큐티 시간은 어땠니?" "지금 하나님이 네게 뭘 가르쳐주고 계시니?" 제가 인터뷰했던 한 십대의 가족은 한 가지 좋은 방법을 사용했어요. 그것은 일주일에 이틀 밤 정도, 온 가족이 하나님과 개인적인 시간을 보낼 수 있도록 몇 분씩 시간을 따로 마련하는 거예요. 그 가정의 부모는 십대 자녀에게 기도하거나 성경을 읽으라고 강요하지는 않되, 자녀에게 그럴 시간과 공간을 주고서 그렇게 하라고 격려했어요.

영적인 것을 거부하는 십대 다루기

십대 시절에는 신앙에 관해 많은 질문과 의문을 품고 있기에 더 힘든 시기예요. 십대들이 의심하는 것은 지극히 '정상'이죠. 저도 의심이 정말 많았어요. 부모님과 저는 제가 무엇을 왜 믿을지를 놓고 수많은 대화를 나누었어요. 십대 자녀가 신앙에 관한 의문과 씨름하고 있다면, 부모는 그것이 지극히 '정상'이라는 점을 알아야 해요. 물론 자녀가 예수 그리스도를 진정으로 영접했는지는 점검해야 하지만 말이에요.

십대 자녀가 영적인 문제에 관해 가장 안심하고 이야기할 수 있는 사람은 부모님이어야 해요. 혼날까 봐 부모에게 자신의 의심이나 개인적인 문제를 털어놓지 못하는 친구가 정말 많아요. 고등학교 시절에 신앙의 위기를 겪었던 한 십대의 이야기를 들어보세요.

> 우리 부모님께는 뭐든 이야기하기가 편했어요. 부모님은 나를 성인처럼 존중해주셨거든요. 내가 생각을 솔직히 털어놓으면, 부모님이 실망하거나 내 의견에

동의하지 않으실 때도 있었는데 솔직한 내 태도는 항상 칭찬해주셨어요. 언제나 "말해줘서 고맙구나. 사실, 이 의견에는 동의하지 않는단다. 그래도 말해줘서 고맙구나. 우리는 언제나 네 편이야. 네가 잘 자라기를 바란단다"라고 말씀해주셨어요.

자녀가 홀로 서도록 가르치라

'홀로 서는 법을 배워야 한다.' 이 말은 제가 어릴 적 우리 집안에 마치 '잠언'과도 같은 말이었어요. 지금은 세상에는 복음을 적대시하는 메시지가 난무하지요. 그래서 크리스천들은 세상의 흐름을 거스르는 한이 있더라도 홀로 서는 법을 배워야 해요. 예전에 저는 또래들과 어울리지 못해서 힘든 적이 있었어요. 저는 목사의 딸이었고, 홈스쿨링을 하며 집에 형제자매도 많았고, 몇몇 인기 텔레비전 프로를 집에서 보는 것이 허용되지 않았었거든요.

고등학생이 되어서는 기독교 학교에 몇몇 수업만

참석했어요. 친구들은 왜 남들처럼 온종일 학교에서 보내지 않느냐고 자주 물었죠. 저는 사실 친구들과 다르게 고등학교에 다니느라 힘들었어요. 그것이 우리 부모님과의 관계에서 하나의 걸림돌로 작용할 때도 있었죠. 친구들의 집과 다른 규칙이 싫었어요. 집에서 부모님과 실랑이를 벌일 때마다 "다들 그렇게 해요!"라고 투덜거렸죠. 당시 부모님은 제가 힘들다는 걸 이해해주면서도 신념을 굽히지는 않으셨어요.

고등학교 2학년 때 하나님은 이 시련과 함께 부모님의 지혜를 사용하셔서 제게 홀로서기에 관한 중요한 교훈을 가르쳐주셨어요. 그리스도인들은 '세상 속에 있되 세상에 속하지 않아야 한다'는 말씀이 떠올랐어요(요 17:14). 그리스도의 제자로서 우리는 남들과 구별되도록 창조되었어요. 제가 또래들에게 괴롭힘이나 거부를 당한 것은 아니었지만, 하나님은 제 고등학교 시절의 경험과 부모님의 지혜를 사용하셔서 남들과 달라도 괜찮다는 사실을 가르쳐주셨어요. 그리스도가 구별되라고 부르셨으니 꼭 남들과 똑같이 할 필요는 없어요.

자녀에게 홀로 서는 법을 가르친다는 건 언젠가 예

수님을 따르기로 스스로 결심해야 한다는 점을 일깨워 주어야 한다는 뜻이기도 해요. 저는 기독교 가정에서 자랐기에 기독교로 '포장되어' 있었어요. 부모님은 저를 교회에 데려가고, 기독교 학교에 보내셨죠. 이런 '포장' 때문에 밖에서 보면 저는 완벽한 그리스도인이었어요. 하지만 기독교 집안에서 자라고 기독교 활동을 하면서도 진정한 신자 혹은 예수님의 제자는 아닐 수 있어요. 제가 부모님의 집을 떠나 독립할 때 이 모든 포장이 벗겨질 거예요. 그 안에는 무엇이 있을까요? 스스로 그리스도를 영접하게 될까요? 부모님이 신앙을 물려주신 건 감사한 일이지만, 어른이 되면 홀로 서야 해요.

신앙의 본보기

인터뷰하면서 인상적이었던 부분은 많은 십대가 부모님의 신앙을 보고 큰 영향을 받았다는 거예요.

> 내가 중학교에 다닐 때 우리 엄마가 유방암 진단을 받으셨어요. 그때가 내 인생에서 가장 힘든 시기였지

만, 엄마가 암과 싸우는 동안 아빠가 그런 엄마의 곁을 변함없이 지켜주는 모습을 보는 건 정말 놀라운 일이었어요. 두 분의 신앙이 절대 흔들리지 않는 걸 내 눈으로 봤거든요. 엄마는 항상 성경책을 읽으셨어요. 너무 쇠약해져서 성경책을 읽을 수 없게 되었을 때는 오디오 성경을 들으셨죠. 또 온종일 집에서 찬송가를 틀기도 하셨어요. 심지어 임종 자리에서도 엄마는 찬송가를 틀고서 가사를 읊조리셨어요. 그 고통스러운 순간에도 우리 부모님은 내게 믿음의 본을 보여주셨어요. 이것이 우리가 엄마의 죽음이라는 시련을 이겨낼 수 있었던 유일한 이유였어요. 엄마가 죽는 날까지도 믿음의 본을 보여주셔서 얼마나 감사한지 몰라요. 엄마의 그런 모습에 나는 엄청난 영향을 받았어요.

십대 자녀는 여러 가지 방식으로 부모에게서 신앙의 본을 보지요. 아침에 주방에서 부모님이 식탁 위에 커피 한 잔을 놓고 성경책을 읽는 모습을 보는 것처럼

간단한 행동에서도 신앙의 본을 볼 수 있어요. 아빠가 제게 재정적인 어려움에 관해서 털어놓으면서 기도를 부탁하셨던 때가 기억나요. 그때 우리 가족은 하나님께 필요한 것을 공급해달라고 함께 기도했어요. 그로 인한 결과는 두 가지였어요. 아빠는 가족에게 도움을 받았고, 우리는 아빠의 믿음을 실질적으로 볼 수 있었어요.

십대 자녀가 교회 식구들과 교제하도록 도와야 하는 중요한 이유 중 하나는 또래만이 아니라 어른들이 하나님을 예배하는 모습을 볼 수 있다는 거예요. 십대 시절에 일주일에 한두 번 중고등부 모임에만 참석하고 대예배에는 참석하지 않기 쉬워요. 하지만 제 경험에 따르면, 어른들의 신앙을 직접 보는 게 큰 도움이 되었어요. 우리 부모님은 저의 주된 영적 인도자가 되기를 원하시면서도 교회 안 다른 여성들에게서 지혜와 격려를 얻으라고 늘 말씀하셨어요. 신앙의 길을 먼저 걸어온 분들에게는 배울 점이 정말 많아요. 십대 자녀는 교회에서 남녀노소를 막론한 다양한 사람과 영적으로 교제할 수 있어요.

혹시 십대 자녀에게 선교 여행 참여를 권할 생각이 있으신가요? 제 인생에서 영적으로 가장 많이 성장했던 때는 가족과 함께 혹은 학교에서 선교 여행을 갔을 때예요. 여러분에게 십대 자녀와 '가족' 선교 여행을 가는 걸 꼭 고려해보라고 권하고 싶어요. 고등학교 2학년 때 부모님을 따라 프랑스로 선교 여행을 가서 D6 콘퍼런스에서 함께 섬긴 적이 있어요. 아빠부터 두 살배기 동생까지, 온 가족이 사람들을 섬길 수 있었던 게 저는 너무 좋았어요. 그때 우리 가족은 신앙적인 대화를 나누고 놀라운 경험을 공유할 수 있었어요. 가족이 함께하는 선교 여행 외에도 부모님은 다른 아이들과 함께 선교 여행을 가라고 권하셨어요. 고등학교 3학년 때 스코틀랜드에 가서 한 공립학교에서 열흘간 복음을 전할 기회가 있었어요. 그 여행으로 제 삶의 방향이 크게 바뀌었어요. 이 이야기는 뒤에 가서 좀 더 자세히 할게요.

비전을 나누라

가족이 하나님을 사랑하고 섬기며 따르기를 바라지 않는 부모는 없을 거예요. 물론 가정을 이끄는 건 부모의 역할이에요. 하지만 그리스도를 따르는 건 가족 전

체의 사명이에요. 그러니까 신앙과 제자 훈련에 관한 비전을 십대 자녀에게 나누세요. 그리스도 안에서 가정을 이끄는 일을 곁에서 도와달라고 말하세요. 가정 예배 시간에 자녀가 찬송가나 성경 구절을 고르게 하면 좋을 것 같아요. 십대 자녀가 제자 훈련에 적극적으로 동참하면 가정의 분위기가 완전히 달라질 거예요.

자녀가 거부해도 질문을 던지고, 자녀를 위한 기도를 절대 포기하지 마세요. 영적 시련의 시간이 당연히 찾아올 줄로 예상하세요. 자녀가 의심을 품고 신앙의 위기를 겪어도 충격받을 필요가 없어요. 영적으로 크게 성장하는 시기가 있는가 하면 부모와 하나님께 마음을 향하기가 어려운 시기도 있는 법이니까요. 신앙생활은 오르막길과 내리막길이 계속해서 반복되는 마라톤과도 같아요. 십대 자녀로 인해 힘들다면, 무슨 일이 있어도 자녀에게 끝까지 헌신할 거라고 말해주세요. 자녀가 어떤 행동이나 말을 하든지, 어떤 감정을 표출하든지, 기도와 사랑으로 끝까지 헌신할 거라고 말해주세요. 이것은 모든 십대가 들어야 하는 강력한 메시지예요. 자녀가 예수님을 따르도록 격려하기에 너무 늦었을 때란 없어요.

3장

―― 가정에서 서로
존중해야 한다는 것을
가르쳐주세요

"리시, 아빠를 좀 존중해라!" 제 무례한 태도를 참다못한 아빠가 한번은 그렇게 말씀하셨어요. 당시 저는 아빠가 정한 규칙을 계속해서 어겼어요. 그로 인해 아빠는 점점 화가 나셨죠. 이런 일이 한두 번 일어난 게 아니에요. 고등학교 시절에 저는 부모님을 못마땅하게 여겨 반항적으로 굴 때가 많았어요. 제 무례한 행동은 마음속에서 시작되었어요. 부모님을 공경하는 마음이 없는 게 원인이었죠. 감사하게도 하나님은 제 마음속에 역사하셔서 부모님을 공경하는 것이 얼마나 중요한지를 깨닫게 해주셨어요.

성경을 보면 존중은 기독교 집안에 없어서는 안 될 중요한 덕목이에요. 존중은 가족 사이의 관계에서 중요한 역할을 해요. 형제끼리도 존중하고, 자녀는 당연히 부모를 공경해야 해요. 심지어 부모도 자녀를 존중해야 하죠. 출애굽기 20장 12절은 이렇게 말해요.

"네 부모를 공경하라 그리하면 네 하나님 여호와가 네게 준 땅에서 네 생명이 길리라."

많은 사람이 이 구절을 잘 알 거예요. 바로, 십계명 중 다섯 번째 계명이에요. 하지만 이 계명의 의미를 놓치기가 쉽죠. 오랫동안 저는 이 계명이 그냥 '부모에게 순종하라'는 뜻인 줄로 알았어요. 고등학교에 막 들어가서 이렇게 생각했죠. '이건 쉽지. 나는 아주 순종적인 아이니까. 나는 목사의 딸이고, 부모님이 하라는 대로 대부분 하니까. 내가 이 계명은 잘 지키고 있는 것 같아. 다음 계명으로 넘어가자!'

하지만 2년 뒤 하나님은 제게 다섯 번째 계명의 의미를 깨우쳐주셨어요. 출애굽기 20장 12절은 단순히 부모에게 순종하라고 말하지 않아요. 부모를 '공경'하라고 말하죠. 공경한다는 건 동사이고, 그 의미는 매우 존경한다는 뜻이에요. 저는 스스로 '내가 부모님을 매우 존경하는가?'라고 묻고 솔직히 답해야 했어요. 제가 부모님 말씀에 대체로 순종하기는 했어요. 하지만 그것이 '공경'이었을까요? 안타깝게도 공경하는 마음 없이 순종할 수가 있어요. 한 가지 예를 들어볼게요.

저녁 식사가 끝나고 정신없이 숙제를 하고 있었어요. 그런데 엄마가 설거지를 해달라고 부탁하죠. 식사 후에 설거지하는 건 우리 중 누구도 하기 싫어하는 일이죠. 그런데 엄마가 7남매 중에 굳이 저에게 설거지를 시키시는 거예요. 저는 낮은 목소리로 투덜거리며 "그래, 할게! 할게! 내가 하면 되잖아! 에잇, 항상 나한테만 설거지를 시켜!" 그렇게 투덜거리면서 설거지하고 나서 숙제하러 가요. 이렇게 하면 제가 엄마에게 순종한 걸까요? 어쨌든 순종하긴 했죠. 하지만 제가 엄마를 공경한 걸까요? 그건 아니에요. 제 마음속에 반항심과 원망이 가득하기 때문이에요. 공경은 행동과 태도 모두에서 나타나야 해요. 저는 영적 성숙의 중요한 척도 중 하나가 집안에서 보이는 태도라는 점을 배워야 했어요.

저는 고집이 센 아이였어요. 지금도 여전히 여러 부분에서 고집이 세요! 어릴 적에 그런 저를 키우느라 부모님이 몹시 힘드셨을 거예요. 제가 부모님이 정해주신 규칙을 자꾸 어겼거든요. 하지만 저보다 두 살 많은 오빠(RW)는 훨씬 말을 잘 듣는 편이었어요. 오빠는 항상 부모님을 공경하고 부모님의 말씀에 순종했지요. 제가 고등학교에 막 들어갔을 때도 제 뜻대로 되지 않으면 반항을 자주 했기 때문에 부모님이 무척 힘들어하셨어요.

고등학교 시절 내내 저는 부모님과 꽤 많이 부딪쳤어요. 저는 저대로 화가 났고, 부모님은 부모님대로 실망하고 화를 내실 때가 많았죠. 서로 존중하는 관계를 쌓으려면 사랑 안에서 깊은 대화를 나누어야 했어요. 감사하게도 하나님이 제 마음속에 역사해주신 덕분에 저는 부모님을 공경하지 않는 죄를 깨닫고 뉘우칠 수 있었어요.

십대들을 인터뷰하면서 보니 서로 존중하는 관계를 쌓기 위해 꼭 필요한 것 중 하나는 부모가 규칙을 분명히 정해서 전달하는 거예요. 십대가 고등학교에 들어가면 규칙에 관해서 부모와 의사소통이 잘 안 되는 경우가 많아요. 그러면 자녀는 알지도 못하는 규칙에 대해 벌을 받는다고 생각하며 분노할 수 있고, 부모는 자녀가 분명하게 정한 규칙을 어긴다고 생각하여 좌절하게 될 수 있어요.

그래서 고등학교 시절에 부모님과 저는 대화를 나누면서 규칙을 분명하게 정했어요. 저의 사교 활동은 부모님과 계속 갈등을 빚게 되는 요인이었어요. 제가 워낙 사교적인 성격이라 주말에 친구들과 어울리는 걸 좋아했거든요. 그러다 보니 고등학교에 들어가서는 주말만 되면 집에 거의 없고, 온종일 친구들과 어울리게 되었어요.

결국 부모님은 제게 이렇게 말씀하셨어요. "주말 중 하루는 저녁에 친구들을 만나지 말고 집에서 가족과 함께 보내자." 제 입장에서는 이 규칙이 때로 답답했지만, 그래도 부모님의 기대 사항을 분명히 아는 것은 도움이 되었어요. 이 규칙을 어기면 그에 상응하는 대가와 힘든 대화가 따른다는 점을 분명히 알게 되었죠. 하지만 기대 사항과 기준이 모호해서 부모와 갈등을 빚는 것보다 이 편이 훨씬 나았어요. 이것은 한 가지 간단한 예일 뿐이지만, 스마트폰과 소셜 미디어, 집안일, 맡은 책임, 사회적 참여 등, 수많은 부분에도 이 원리는 똑같이 적용할 수 있어요. 부모가 자녀에게 기대 사항을 분명하게 전달해야 갈등과 문제를 피할 수 있어요.

균형을 찾으라

제가 고등학교에 들어갈 때 아빠는 다음과 같이 말씀해주셨어요. 이 말씀이 제게 큰 도움이 되었어요.

리시야, 앞으로 네가 고등학교에 다닐 동안 우리의

관계가 변할 거야. 부모 자식 관계에서 점점 벗어나 어른 대 어른의 관계로 나아가게 될 거야. 네가 나중에 완전히 독립해서 네 힘으로 살아갈 때 같은 어른으로서 너와 우정을 나누고 싶구나. 그래서 이 기간은 힘든 변화의 시기가 될 거야. 우리는 너를 점점 더 어른으로 보면서 더 많은 자유를 줄 거야. 하지만 동시에 부모로서 우리가 너를 훈련하려는 일을 네가 계속해야 한단다.

십대들과 이야기를 나눠보니, 부모님이 자신을 어른으로 보고 더 많은 자유를 주는 것이 좋았다고 했어요. 하지만 동시에 부모님이 자녀에게 기대 사항을 분명하게 전달하는 것도 여전히 중요해요. 그러니 둘 사이의 균형을 찾아야 해요. 우리 집에서는 부모님이 기대 사항을 확실히 정해서 우리에게 분명하게 전달해주셨어요. 그래서 집안에서 제 권리는 그에 걸맞은 행동과 태도로만 얻을 수 있었어요. 제 권리는 부모님이 그냥 주시는 게 아니었어요. 친구들과 어울리는 시간도 그냥 주어지

지 않았어요. 우리 부모님은 학원비나 방과 후 수업비를 비롯한 그 어떤 비용도 그냥 내주지 않으셨어요. 이 모든 권리는 부모님과 형제를 대하는 제 태도가 올바를 때만 주어졌어요. 제 책임을 다할 때만 이런 권리를 누릴 수 있었지요. 우리 집에서 권리는 그냥 주어지는 게 아니라 책임을 다해 신뢰를 얻을 때 받는 것이었어요. 이 점을 이해하는 게 중요했어요. 한 십대는 이렇게 말했어요.

> 우리 부모님은 내게 자유와 책임을 균형 있게 주셨어요. 부모님이 자유를 주실 때면 내가 어른이 된 것 같은 기분이 들었죠. 하지만 부모님은 고등학교 내내 감당해야 할 책임도 주셨어요. 자유는 그냥 주어지는 권리가 아니었던 거예요. 그건 내가 집안에서 좋은 태도를 보이고 책임을 다했을 때 주어지는 거였어요. 그리고 내가 책임을 다해서 부모님에게서 더 많은 자유를 얻었을 때 오히려 부모님을 공경하는 마음이 더 강해졌어요. 그리고 부모님은 항상 나를 격려하고 지지해주셨어요. 그래서 나는 존중을 의무감에서 억지로 해야 하는 일이 아니라 좋은 관계로 인해

마음에서 우러나와야 하는 일로 볼 수 있었죠.

부모와 자식 간 존중이 사랑의 관계 속에서 이루어지는 것이라는 말에 고개가 끄덕여졌어요. 고등학교 시절 엄마는 저와 갈등을 빚을 때면 "우리 관계를 망치면서까지 이런 갈등을 빚어야 할 가치가 있을까?"라고 묻곤 하셨어요. 관계가 악화하는 걸 감수하면서까지 시시비비를 따질 필요가 있을까요? 마음의 연결을 유지하는 것이 가장 중요하지요. 그런 의미에서 대화하다가 분위기가 나빠지면, 대화를 잠시 멈추는 것도 현명한 판단이 아닐지 생각해요.

징계와 무례함

징계에 관한 문제로 힘들어하는 부모와 십대 자녀가 많아요. 부모와 자녀 사이에 의사소통이 제대로 이루어지지 않거나 분명한 합의가 없으면 부모는 화내기가 쉽고, 자녀는 반항하고 원망을 품기 쉬워요. 십대들을 인터뷰하면서 가정 내 징계를 어떻게 다루어야 할지를 많이 배울 수 있었어요. 한 십대는 다음과 같이 말했어요.

> 내가 무례하게 굴 때 부모님이 즉시 화를 내면, 반항심과 미움이 더 강해졌어요. 하지만 내가 고등학교에 들어가면서 부모님은 주로 화를 내지 않고 합당한 벌을 내리거나 사랑의 대화를 시도하셨어요. 그 덕분에 부모님과의 관계가 정말 좋아졌고, 나는 대학에 갈 준비를 잘할 수 있었죠. 두 분이 나를 좀 더 어른처럼 대해주는 기분이 들었어요.

십대의 처지에서 보면, 부모가 화내는 것보다 합당한 벌을 주고 나서 사랑의 대화를 하는 것이 훨씬 도움이 돼요. 또 다른 십대는 분노에 관한 자기 경험을 털어놓았어요.

> 나한테 가혹하게 구는 아빠를 공경하기가 정말 힘들

었어요. 내가 뭔가 잘못하기만 하면 아빠는 나를 앞에 앉혀놓고 한 시간 내내 소리를 질렀어요. 십대 시절에 그것이 너무 불합리하게 느껴졌어요. 그 때문에 얼마나 많이 상처받았는지 몰라요. 어떻게든 아빠의 고함을 듣지 않으려고 애썼죠. 지금도 내 안에는 아빠를 향한 원망과 분노가 가득해요. 아빠가 감정을 절제하고 나를 사랑으로 대해줬더라면 얼마나 좋았을까요? 고등학교 시절에 나는 합당한 벌을 받아본 적이 없었어요. 그냥 고함과 잔소리를 들은 기억만 나요. 그러다 보니 거기에 무감각해지고, 아빠와의 관계는 점점 더 멀어졌죠.

이 이야기를 듣고 가슴이 찢어졌어요. 안타깝게도 부모님에게 이런 감정을 느끼는 십대가 정말 많아요. 그들에게는 분노가 나쁜 행동에 대한 벌로 받아들여져요. 그런데 분노는 결국 '관계'를 망쳐요. 마음의 연결을 끊어버리죠. 이것은 부모도 십대 자녀도 모두 원치 않는 결과일 거예요.

제가 규칙을 노골적으로 어기거나 은근히 반항할 때 부모님이 즉시 화를 내시면, 저도 그 즉시 부모님에게서 마음이 멀어졌어요. 그리고 더 고집을 부리게 돼요. 우리 부모님은 화를 최대한 적게 내고 합당한 벌을 내리는 것이 우리 관계를 지키고 제 행동을 바꾸는 데 가장 좋은 방법이라는 사실을 깨달으셨어요. 부모님은 무조건 분노를 폭발하기보다는 차분하게 이렇게 말하는 법을 배우셨어요. "리시야, 너의 태도는 부모를 공경하지 않는 태도란다. 네가 규칙을 어기는 건 용납할 수 없어. 그렇게 하면 우리는 네게 벌을 줄 수밖에 없단다." 당시에는 부모님이 정하신 규칙이 마음에 들지 않았지만, 지금은 오히려 감사해요. 부모님이 규칙을 분명히 정해서 합당한 벌을 내려주신 덕분에 고등학교 시절 우리의 관계가 유지될 수 있었기 때문이에요. 부모님은 분노나 원망으로 인해 마음의 연결이 깨지지 않도록 조심하셨어요. 또 벌을 내린 뒤에는 사랑 안에서 깊은 대화를 나누려고 노력해주셨어요.

부모가 기꺼이 잘못을 인정하고

용서를 구한다는 걸

자녀가 진정으로 느낀다면,

강한 치유가 이루어진다고 생각해요.

공경하기 힘들 때

부모가 공경을 받을 만하지 않게 행동하거나 불합리하게 행동하면, 자녀로서도 공경하기가 정말 쉽지 않아요. 이것은 이야기하기가 쉽지 않은 주제예요. 그래서 이번 장을 쓰기 전에 이 문제에 관해서 부모님과 깊은 대화를 나누었어요. 제가 고등학교 시절 아빠나 엄마가 저, 심지어 동생들에게 화를 내거나 가혹하게 굴어도 제 마음이 차갑게 식었어요.

부모님은 제게 상처를 주거나 옳지 않게 행동하신 걸 깨달으면, 항상 즉시 사과해주셨어요. 아빠는 제게 다가와 이렇게 말씀하셨죠. "얘들아, 오늘 너희한테 소리를 질러서 정말 미안하구나. 아빠를 용서해주겠니?" 부모가 기꺼이 잘못을 인정하고 용서를 구한다는 걸 자녀가 진정으로 느낀다면, 강한 치유가 이루어진다고 생각해요. 부모님이 사과하시는 모습은 제게 큰 영향을 미쳤어요. 그로 인해 부모님을 보는 제 시각이 달라졌어요. 어른 대 어른의 관계와 마찬가지로, 부모는 자기 잘못을 솔직히 인정하고 진정으로 사과한 다음 용서를 구할 수 있어야 해요.

나중에 저도 자녀를 낳으면 똑같이 하고 싶어요. 자녀에게 상처를 주거나 어른답지 못한 행동을 하면, 즉시 사과할 줄 아는 엄마가 되고 싶어요. 우리 부모님이 보여주신 본보기를 기억해서 자녀에게 잘못을 솔직히 인정하고 용서를 구하고 싶어요.

그런데 부모들만 화를 절제하기 위해 노력해야 하는 게 아니에요. 한 십대 소년의 말을 들어보세요.

> 어릴 적에 내가 부모님께 계속해서 들은 말은 "엄마나 여동생들에게 소리를 지르거나 그들을 때리지 마라"였어요. 그 덕분에 나는 점점 부모님을 공경하고 형제자매를 존중하는 법을 배우게 되었죠. 나는 엄마 앞에서 목소리를 높이지 말라고 배웠어요. 부모님은 내가 지금 엄마를 대하는 태도로 나중에 내 아내를 대하게 될 거라고 말씀하셨어요. 내가 나중에 어떤 남편이 될지 생각하니까 정신이 번쩍 들었죠. 고등학교 때 내가 엄마에게 엄청 무례하게 굴었던 사건이 기억나요. 내가 마침내 진정하자 부모님은 나를 앞에 앉히시곤, 함께 성경을 읽자고 하셨어요. 우리는 출

애굽기 20장 12절을 읽었어요. 그 구절이 특히 내 마음에 와닿았죠. "네 부모를 공경하라 그리하면 네 하나님 여호와가 네게 준 땅에서 네 생명이 길리라." 우리 부모님은 내게 상처를 주고 싶어서 벌을 주는 게 아니라고 말씀하셨어요. 나를 사랑하고 내가 잘되기를 바라서 그런 것이라고 하셨죠. 이런 대화를 나누고 나서 내 생각이 많이 바뀌었어요. 당장 속상했던 건 사실이지만, 부모님이 나를 괴롭히려는 게 아니라 나를 위해서 그러신 것이라는 사실을 깨달았어요.

끝까지 노력하라

자녀의 고등학교 시절은 부모와 자녀 모두에게 힘든 시기예요. 앞서 말했듯이, 부모는 화내거나 실망감을 표현하기가 쉽고, 십대 자녀는 부모에게 반항하거나 무례하게 굴거나 원망을 품기 쉬워요. 부모와 자식 관계를 망치려는 영적 공격에 맞서 자녀와 함께 기도하는 습관 기르시기를 바라요. 서로를 위한 용서와 은혜와 사랑의 마음을 달라고 하나님께 기도하세요. 저와 우리 부모님처럼 이 어려운 문제를 다루려면, 우리를 돕고 변화시키며 우리의 마음을 부드럽게 해주시는 하나님의 초자연적인 능력이 필요해요.

4장

형제자매와
잘 지낼 수 있도록
중재해주세요

형제자매 관계는 가장 친한 관계일 수도 있지만, 반대로 서로 원수처럼 될 수도 있어요. 저는 여섯 형제자매와 함께 자라다 보니 서로 부딪힐 때가 많았어요. 하지만 저는 하나님이 형제자매 관계를 매우 특별하게 창조하셨다고 믿어요. 하나님이 형제자매 관계를 중요하게 여기시기 때문에 이 관계는 자주 영적 공격을 받지요.

　더 어릴 적에는 엄마에게 항상 이런 말을 들었어요. "형제자매는 너의 가장 좋은 친구란다. 다른 사람들은 다 왔다 가지만 형제자매는 항상 너의 곁에 남을 거야." 당시에는 코웃음을 치며 이렇게 생각했죠. '내 가장 좋은 친구가 형제자매라면, 그들이 나한테 이렇게 행동하면 안 되는 거 아니야?' 제가 형제자매에게 심하게 굴 때마다 엄마는 이렇게 묻곤 하셨어요. "친한 친구라면 그렇게 대하겠니?" 제 대답은 물론 "아니요"였어요. 그러면 엄마는 다시 "네가 지금 형제자매를 대하는 것처럼 친한 친구를 대하면 어떻게 되겠니?"라고 물으셨죠. 그러면 저는 "친구가 한 명도 없겠죠"라고 대답했어요.

　마가복음 12장 31절에서 예수님은 이웃을 우리 자신처럼 사랑하라고 명령하셨어요. 누가 제 이웃일까요?

다른 사람은 몰라도 제 형제자매는 분명 제 이웃이지요. 하나님은 형제자매가 못되게 굴 때라도 제가 그리스도의 사랑으로 사랑하고 용서해주면, 남들도 그렇게 사랑하고 용서할 수 있다고 가르쳐주셨어요. 세상에는 사랑해주기 힘든 사람이 가득해요. 저도 그런 사람 중 한 명이고요. 함께 살아가는 사람들을 사랑하는 법을 배우면 남들을 더 많이 사랑해줄 수 있어요.

형제자매와 친하지 않은 십대가 많아요. 친구들이 더 멋져 보여서 그래요. 같은 또래인 친구들과 노는 게 훨씬 재미있죠. 친구들도 중요하지만 저는 형제자매와 좋은 관계를 맺고 싶어요. 그래서 10년쯤 지나서 기도해줄 사람이 필요할 때 제가 가장 먼저 전화하는 사람은 형제자매가 되었으면 좋겠어요. 모든 부모가 자녀들이 서로 그런 관계를 맺기를 바랄 거예요. 하지만 안타깝게도 그런 형제자매가 그리 많지는 않아요. 그래서 형제자매와 마음으로 통하는 관계를 맺고 싶다면 계획을 세워야 해요.

좋은 관계 기르기

우리 형제자매의 관계에서 두 가지 강력한 요소는 용서와 기도였어요. 사람은 다 죄와 이기주의를 품고 있기 때문에 우리 형제자매는 틈만 나면 싸웠어요. 그래서 용서는 꼭 필요해요. 그렇지 않으면 금방 원망이 쌓여서 관계가 망가질 수 있어요. 완전히 그리고 자주 용서하는 것은 우리 가족 모두에게 꼭 필요한 영적 근육이었어요. 죄인 아홉 명이 함께 살다 보니 용서를 실천할 기회가 정말 많았어요. 문제의 뿌리를 찾아서 다룰 시간을 내지 않으면 가족에게 분노를 품기 쉬워요. 가족에게 받은 상처는 깊이 뿌리를 내려서 성인 이후까지 이어지는 경우가 많아요.

형제자매끼리 다툼이 생기면 우리 부모님은 서로 진정으로 용서하라고 항상 말씀하셨어요. 어릴 적에 형제자매와 싸우면 엄마가 우리를 식탁에 앉혀놓고 갈등을 해결하게 하셨던 기억이 나요. 서로 잘못한 점을 인정하고 용서를 구하는 법을 배워야 했죠. 이런 '식탁 대화'는 꽤 오래 걸리기도 했어요.

우리 부모님이 사용하신 또 다른 전략은 서로 싸운

아이들이 관계가 좋아질 때까지 함께 같은 일을 하게 한 거예요. 당시에는 이것이 정말 싫었지만 돌이켜보면 부모님이 왜 그렇게 하셨는지 이해가 가요. 부모님은 형제자매 사이의 관계가 정말 중요하다고 늘 강조하셨죠.

갈등이 생겼을 때 나이와 상관없이 모든 자녀를 식탁으로 데려가야 한다는 뜻은 아니에요. 저와 형제자매가 크면서 우리 부모님은 우리의 갈등을 해결하기 위해 다른 방법들을 사용하셨어요. 특히 우리의 상처와 분노를 표현할 시간과 공간을 주셨죠. 서로 이야기할 마음의 준비가 되지 않았을 때도 있었기 때문에, 그럴 때는 먼저 아빠나 엄마와 함께 감정을 추스르는 시간이 필요했어요.

영적 연결 이루기

하나님은 형제자매가 그냥 형제자매가 아니라 '그리스도 안에서의 형제자매'가 되기를 원하세요. 기도는 우리를 그렇게 연결해주는 접착제와도 같아요. 저는 이제 십대 시절이 거의 지났고, 동생 레이니(Laynie)는 지금 14세예요. 현재 우리는 사이가 정말 좋아요. 동생은 제게 세상에서 둘도 없는 친구예요. 하지만 원래부터 그랬던 건 아니에요.

어릴 적에, 그러니까 우리가 각각 14세와 10세였을 때 우리 사이는 정말 최악이었어요. 같은 방을 쓰다 보니 별것 아닌 일로도 티격태격했죠. 저는 남들 위에 서려는 성격이 강하고, 남의 감정을 잘 헤아리지 못하는 편이었어요. 반면에 레이니는 버릇이 없고 윗사람의 말을 잘 듣지 않았어요. 엄마가 우리에게 방을 치우라고 하실 때마다 결국 둘 다 펑펑 우는 상황으로 끝나곤 했어요. 그러면 서로 토라져서 한마디도 하지 않았죠. 오랫동안 서로 상처를 주고받다 보니 관계가 엉망이 되었어요. 하지만 부모님이 서로를 위해 기도하라고 하시면서 우리 관계는 극적인 전환점을 맞았어요. 처음에는 쉽지 않았어요. 정말 어색했죠. 하지만 조금씩 노력하다 보니 밤마다 잠자리에 들기 전에 함께 기도하게 되었어요. 어쩌다 제가 밤에 기도를 까먹기라도 하면 2층 침대의 위 칸에서 동생의 작은 목소리가 들렸어요. "언니, 기도하고 자야지." 이 작은 기도의 습관 덕분에 우리 관계는 기적

비교는 자녀가
부모를 원망하게 만들 뿐 아니라
형제자매 사이도
망가뜨릴 수 있어요.

적으로 치유되었어요.

형제자매 관계에서 기도는 꼭 필요해요! 친구들끼리 기도 제목을 나누는 경우는 많아도 형제자매와 영적 관계를 키우려고 노력하는 사람은 많지 않은 것 같아요. 그런 면에서 우리 부모님은 정말 잘하셨죠. 부모님은 형제자매끼리 영적 우정을 쌓을 기회를 많이 만들어주셨어요. 아빠는 가끔 우리를 둘씩 짝지어 10분 정도 기도 제목을 나누고 서로를 위해 기도하게 하셨어요. 어색할 때도 많았지만 나중에는 뭐든 힘든 일이 생기면 서로 나누는 습관이 생겼죠.

이런 습관의 힘을 잘 보여주는 건 지금은 대학교 2학년이 된 오빠와의 관계예요. 오빠와 저는 성격이 극과 극이다 보니 고등학교 시절에 하루가 멀다고 다퉜어요. 하지만 지금 제가 가장 좋아하는 것은 오빠가 일주일에 한두 번씩 문자로 기도 제목을 물어봐주는 거예요. 문자 한 통이 별것 아닌 것처럼 보이지만, 서로 영적 관계를 쌓는 데 이만한 것도 없어요.

비교의 위험

형제 관계를 망치는 주범 중 하나는 비교예요. 성경에는 비교의 무서움을 볼 수 있는 사례가 많이 나와요. 요셉과 형들, 야곱과 에서, 가인과 아벨의 관계가 다 비교와 질투로 물들었던 관계예요. 십대들과 인터뷰했을 때 많은 아이가 부모와의 관계에서 너무 힘들었던 점 중 하나로 계속해서 형제자매와 비교당하던 순간이라고 꼽았어요. 비교는 자녀가 부모를 원망하게 만들 뿐 아니라 형제자매 사이도 망가뜨릴 수 있어요.

한 십대는 고등학교 시절 이런 비교를 당했던 경험을 나누었어요.

> 우리 집은 대가족이었는데 엄마가 항상 언니 레이철을 편애하는 것 같아 서운했어요. 엄마가 우리를 다 똑같이 사랑한다는 건 알았지만, 엄마가 언니와 비교하는 말을 자주 해서 너무 힘들었어요. 엄마가 항상 언니가 잘한 것만 이야기하니까 엄마와도 소원해지고, 언니와의 사이도 서먹서먹해졌죠. 내가 가장 상

처받은 부모님의 말은 "왜 너는 언니처럼 못 하니?"였어요. 엄마가 내 약점을 언니의 장점과 비교하는 것 같을 때가 많았죠. 비교는 정말 안 좋아요. 그런 말을 들으면 나 자신의 모습에 절대 만족할 수가 없거든요. 다행히 내 감정을 솔직히 털어놓고 깊은 대화를 나누면서 엄마와 사이가 점점 회복되었죠. 그런데 엄마는 내가 그런 기분을 느끼는지 전혀 몰랐대요. 자기가 하는 말이 나와 언니의 관계에 그렇게 나쁜 영향을 미치고 있는지 전혀 모르셨다는 거예요. 그때부터 엄마는 내가 잘못한 것보다 조금이라도 잘한 것을 칭찬해주려고 노력하기 시작하셨어요.

오빠와의 관계에서 비교라는 적과의 싸움은 정말 길게 이어졌어요. 어릴 적에 제가 항상 오빠의 그늘에서 사는 것처럼 느껴지던 시기기 있었어요. 오빠는 운동을 잘하고 사교적이고 똑똑하고 얼굴도 잘생겼어요. 중학교 2학년 때 집 근처의 한 기독교 고등학교에서 면접을 봤던 기억이 나요. 그때 오빠는 고등학교 1학년이었고 농

구팀에서 활동했어요. 마침 저를 면접한 사람이 그 농구팀의 감독이었어요. 그런데 저에 관한 면접이 되어야 할 30분이 오빠가 공부와 운동을 얼마나 잘하는지 이야기하는 시간으로 변하고 말았어요.

지금은 그 일을 돌아보며 웃을 수 있지만, 그때는 얼마나 힘들었는지 몰라요. 어릴 적에는 부모님이 제게 오빠가 세운 기준에 따라 살라고 강요하시는 것처럼 느껴졌어요. 하지만 아무리 애를 써도 저는 오빠만큼 잘할 자신은 없었어요. 제 눈에 오빠는 완벽한 아들이고, 저는 말썽만 일으키는 자식이었어요.

오빠는 완벽해 보이고, 저는 구제 불능처럼 느껴져 낙심하다가 어느 날 엄마 앞에서 완전히 무너졌어요. 저는 비교의 함정에 빠져서 오빠와 좋은 관계로 지내지 못하고 부모님을 향한 원망을 품었죠. 비교와의 싸움에서 전환점은 하나님이 저를 오빠와 다르게 창조하셨다는 사실을 깨닫고 받아들인 거였어요. 엄마에게 오빠에 대한 열등감으로 힘들었던 이야기를 하니까 엄마는 이렇게 말씀하셨어요. "얘야, 너는 오빠의 강점만 보고서 문제점은 전혀 보지 못하고 있구나. 오빠의 문제점은 단지 너와 다를 뿐이란다. 하지만 원수는 오빠에게 문제가 없다는 거짓말을 너에게 자꾸만 속삭이고 있어."

이 일을 돌아볼 때면 S. M. 데이비스(Davis) 박사님이 "사탄이 장남과 장녀를 원하는 이유와 그에 대한 대응책"이라는 제목으로 설교하신 내용이 기억나요. 박사님은 아이들, 특히 집에서 오빠와 언니인 아이들이 어떻게 교만이나 원망의 함정에 빠질 수 있는지를 알려주셨어요. 교만한 특권 의식에 빠진 십대가 있는가 하면, 자신이 진 책임에 원망을 품고 있는 십대도 많아요. 이런 태도는 형제자매의 관계와 부모 자녀 관계에 심각한 악영향을 미칠 수 있어요.

오빠는 장남으로서 교만한 특권 의식의 함정에 빠질 위험이 저보다 컸어요. 그래서 오빠는 부모님께 감사하며 부모님이 정해주신 규칙을 잘 지키려고 노력했어요. 그러나 저는 원망과 씨름해야 했어요. 제가 맡은 책임과 오빠의 특권에 대해 원망하는 마음이 자꾸만 생겼으니까요. 부모님은 저와 오빠의 차이점을 알고서 우리를 각기 다른 방식으로 양육하셨고, 서로의 갈등도 해결하도록 도와주셨어요.

자녀의 마음이 어느 쪽으로 흐르기 쉬운지를 항상 살펴야 해요. 자녀가 교만과 원망 중 무엇에 빠지기 쉬운가요? 자녀의 성향을 알면 그 아이와 연결되는 데 도움이 될 수 있어요.

그만한 가치가 있다!

우리 부모님은 형제자매 사이의 갈등을 다루는 일이 힘들기는 하지만 노력할 가치가 있다고 계속해서 말씀하셨어요. 십대 시절은 위아래 형제자매와 연결되는 데 매우 중요한 시기예요. 형제자매와의 관계에 관해서 십대 자녀와 이야기를 나눠보세요. 관계의 어떤 면이 잘 이루어지고 있나요? 어떤 면에서 아이들이 힘들어하고 있나요? 지금부터 몇 달간 어떤 부분을 개선하는 데 집중해야 할까요? 형제자매 관계에 관한 하나님의 선한 계획을 놓쳐서는 안 돼요.

5장

―――― 스마트폰과 소셜 미디어를
잘 활용하도록
안내해주세요

이번에는 스마트폰에 관한 이야기를 해볼까 해요. 요즘 아이들이 워낙 스마트폰과 소셜 미디어에 푹 빠져 있기 때문에 어디를 가나 이것은 부모들 사이에 뜨거운 논쟁거리지요. 어떤 부모들은 최대한 온라인의 삶에서 아이들을 멀어지게 하려고 애써요. 그러나 수동적인 부모도 있지요. 그런 부모들은 아이들이 인터넷에서 아무것이나 보고 모든 형태의 소셜 미디어를 마음대로 하도록 방치해요. 양육 방식에서 이렇게 두 극단이 존재하지만, 어떤 경우든 이 문제는 가정 안에서 극심한 갈등을 일으킬 수 있어요. 제가 아는 부모님들은 대부분 이 문제로 힘들어하고 있어요. 이 주제를 탐구하다 보니 제가 고등학교 시절에 스마트폰과 소셜 미디어를 어떻게 사용했는지와 그 문제에 관한 제 시각을 나누고 싶어졌어요.

긍정적인 면과 부정적인 면 모두 고려하기

십대들은 소셜 미디어에 관해 사방에서 많은 메시지를 듣고 있어요. 저도 청소년 집회에서 스마트폰과 소셜 미디어의 위험에 관한 설교를 듣고 고개를 갸웃거렸던 적이 많아요. 제 생각이 옳은지는 정확히 모르겠지만, 제가 볼 때 믿는 부모들과 목사님들은 스마트폰의 부정적인 측면에만 초점을 맞추는 것 같아요. 십대들이 첨단 기술에 관한 좋은 비전을 품도록 격려하지는 않고요. 하지만 제 경험으로 보면, 스마트폰을 영적으로 성장하기 위한 도구로 사용할 수도 있어요.

저는 성경 앱 덕분에 하나님의 말씀을 항상 지니고 다닐 수 있어요. 언제 어디서든 쉽게 성경을 찾아서 읽고 공부할 수 있죠. 작년에는 앱을 사용해서 성경 일독 계획을 세웠어요. 고등학교 시절에는 개인적인 묵상 시간을 따로 내기가 너무 어려웠어요. 이 활동 저 활동을 정신없이 하다 보니 하나님과 개인적으로 함께하는 시간을 잘 챙기지 못했어요. 그때 스마트폰이 큰 도움이 되었죠. 등교할 준비를 마치면 성경 통독을 위한 〈데일리 오디오 바이블〉(Daily Audio Bible) 앱을 켰어요. 아침마다 구약 성경, 신약 성경, 특히 시편과 잠언을 들었어요. 스마트폰에 깔린 무료 앱 하나로 이렇게 편리하게 성경을 들을 수 있었죠!

또 제 스마트폰 음악 앱에는 찬양곡이 가득해요.

종일 찬양과 성경 말씀을 들으면서 제 신앙은 하루가 다르게 자라갔죠. 우리 부모님은 가족끼리 서로 격려하기 위해 단체 메시지방을 만들었어요. 엄마는 일주일에 한 번 정도 모든 자녀에게 좋은 믿음의 글과 성경 구절을 보내주세요. 그렇게 엄마는 우리가 집에 없는 동안에도 우리를 제자로 훈련하고 축복해주세요. 아빠는 수시로 제게 "아빠한테 기도를 부탁하고 싶은 게 있니?"라는 문자를 보내세요. 이 모든 일이 스마트폰과 첨단 기술 덕분에 가능해졌어요.

영적 성장과 가족과의 대화를 위해 스마트폰을 사용할 수 있지만, 소셜 미디어는 무슨 유익이 있을까요? 소셜 미디어에는 좋은 점이 하나도 없다고 생각하는 부모도 있을 거예요. 저는 고등학교 2학년 때 인스타그램 계정을 만들었어요. 이 앱을 다운로드하기 전에 부모님과 많은 대화를 나누었지요. 저는 계정을 만들기 전에 '소셜 미디어를 하는 목적은 무엇인가? 왜 특별히 이 앱을 사용하려고 하는가?'라는 질문을 던지며 깊이 고민하고 많이 기도했어요. 일단, 소셜 미디어는 사람들과 연결되기 위한 정말 좋은 수단이라고 생각해요.

소셜 미디어 덕분에 저는 어릴 적 친구들과 친척, 세계 곳곳에서 만난 사람들과 계속 연락을 주고받을 수 있었어요. 고등학교를 졸업하고 나서 비저너리 패밀리 미니스트리(Visionary Family Ministries)에서 사역하고, 스코틀랜드에서 그 사역의 인턴으로 두 달간 복음을 전하기 위해 1년간 대학 입학을 미뤘어요. 인턴 활동을 하면서 가장 좋았던 점 가운데 하나는 그곳에서 만난 학생들과 지금도 관계를 유지한다는 점이에요. 우리는 인스타그램으로 서로 근황과 기도 제목을 나눠요. 가끔 영상 통화도 해요. 우리가 스코틀랜드에서 쌓은 우정이 저의 귀국과 함께 끝나지 않은 건 소셜 미디어를 통해 계속 연락을 주고받을 수 있었기 때문이에요.

먼저 부모님과 대화를 나누고 나서 소셜 미디어를 사용한 것이 큰 도움이 되었어요. 온라인 활동의 긍정적인 면과 부정적인 면을 충분히 고려해야 했어요. 소셜 미디어를 복음 전도의 도구로 생각하는 데도 부모님이 도움을 주셨어요. 제가 소셜 미디어에 사진이나 글을 올릴 때마다 떠올린 구절 중 하나는 에베소서 4장 29절이에요. "무릇 더러운 말은 너희 입 밖에도 내지 말고 오직

덕을 세우는 데 소용되는 대로 선한 말을 하여 듣는 자들에게 은혜를 끼치게 하라."

위험을 조심하라

소셜 미디어에 많은 유익이 있기는 하지만, 많은 부모가 온라인 활동의 위험을 걱정하는 건 합당한 일이라고 생각해요. 제가 보니, 십대가 스마트폰과 소셜 미디어를 사용할 때 두 가지 위험이 있어요.

첫 번째 위험은 남들에게 보이는 이미지에 집착하게 되는 거예요. 십대들은 자기가 올린 사진이나 글의 '좋아요'나 팔로워 숫자에서 정체성을 찾기가 너무 쉬워요. 이런 것들은 다 피상적이지만, 저도 소셜 미디어 팔로워 숫자에서 자존감을 찾을 때가 많았어요. 저는 그런 지경까지 될 때마다 소셜 미디어 앱을 삭제한 채로 몇 주간 지냈어요. 그 사이에 마음속을 깊이 돌아보고 정신을 바로잡았어요.

두 번째 위험은 우리의 미디어 선택이 우리에게 미치는 영향을 무시하는 거예요. 제가 고등학교 시절 우리 부모님은 이런 질문을 자주 던지셨어요. "어떤 종류의 정보를 받아들이기로 선택하고 있니?" 이건 제가 어떤 음악을 듣고, 어떤 드라마를 보며, 소셜 미디어에서 어떤 콘텐츠를 접하는지를 묻는 말이에요. 미디어의 내용이 꼭 나쁜 것은 아니더라도 인격이나 신앙에 도움이 되지 않는 경우가 많아서 제가 보는 미디어를 수시로 점검해야 했어요.

음악이 한 예가 될 수 있어요. 고등학교 시절에 세상 음악만 들었던 때가 있었어요. 부모님은 나중에 이걸 알고서 제 머릿속에 무엇을 넣는 것이 유익한지 잘 판단해서 행동하라고 가르치셨어요. 찬양을 많이 들으면서 저의 태도와 관점이 변했지요. 십대 자녀가 스마트폰과 소셜 미디어를 통해 머릿속에 무엇을 넣는지 잘 지켜보세요. 자녀가 성장에 유익한 걸 받아들이고 있나요? 아니면 성장에 방해가 되는 걸 받아들이고 있나요?

공개하는 문화 조성하기

자, 심각한 문제에 관해서는 어떻게 해야 할까요?

예를 들어, 많은 십대가 포르노 시청, 음란한 메시지 전송, 스토킹, 사이버 괴롭힘 등, 온갖 나쁜 일에 스마트폰을 사용하고 있어요. 십대들이 이런 심각한 문제들을 다루도록 부모가 어떻게 지도하고 가르칠 수 있을까요? 우리 집에서는 공개의 원칙을 유지하고 있어요.

십대들의 소셜 미디어와 스마트폰 문제를 다룰 때 공개의 원칙이 중요해요. 자녀의 스마트폰은 사적인 것이 아니에요. 부모는 자녀의 스마트폰을 항상 볼 권리가 있어요. 물론 스마트폰을 자녀가 자기 돈으로 샀다면 엄밀히 말하면 그것은 자녀의 '소유'지요. 하지만 우리 부모님은 휴대폰이 제가 마음대로 이용할 수 있는 사적인 기기가 아니라는 점을 처음부터 분명히 하셨어요. 우리 집에서는 "남몰래 온라인 활동을 해도 될 만큼 거룩한 사람은 세상에 없다"라는 말을 자주 해요. 여러분의 자녀가 아무리 성숙해 보여도, 이 영역에서 책임감의 필요성에서 벗어날 수 있는 사람은 아무도 없어요. 아빠는 우리에게 좋은 본을 보여주셨어요. 스마트폰에 필터링 앱을 설치하여, 위치 등의 정보를 교회 식구들이 확인할 수 있게 하셨어요. 또 아빠는 엄마에게 스마트폰 검색 정보를 다 확인할 수 있게 열어두셨어요.

이런 '공개'의 원칙 때문에 우리 집에서는 스냅챗(보낸 메시지가 확인 후 24시간 안에 사라진다는 독특한 시스템을 기반으로 스냅에서 서비스 중인 미국의 모바일 메신저―편집자 주)이 허용되지 않았어요. 스냅챗은 메시지와 사진을 비밀로 유지하기 위한 목적으로 만들어졌어요. 송신한 모든 것이 사라지면 어떻게 공개의 원칙을 유지할 수 있겠어요. 지금은 부모님의 우려를 이해하지만, 당시 부모님이 이 앱을 금지하셔서 정말 힘들었어요. 친구들은 다 이 앱을 사용했거든요. 그래서 저만 소외되는 것 같았어요. 이 앱을 설치하게 해달라고 몇 번이나 졸랐지만, 그때마다 부모님은 이렇게 말씀하셨어요. "뭐든 남몰래 할 때 죄를 짓게 된단다. 물론 너 혼자만 스냅챗이 없는 게 얼마나 힘든지 안다. 하지만 이렇게 하지 않으면 이 규칙을 지키기가 어렵단다."

당시에는 답답했지만, 지금은 부모님이 이 원칙을 고수하신 것이 얼마나 감사한지 몰라요. 대학교에 들어가고서 제 마음대로 앱을 다운로드할 수 있었지만, 자신을 남들에게 열어 보이고서 도움을 받지 않아도 될 사람은 세상에 없다는 생각이 오히려 전보다 더 강해졌어요. 여러분의 아들이나 딸이 이미 스냅챗 혹은 비슷한 앱을 사용하고 있다면, 자녀와 이 공개의 원칙에 관한 대화를 나눠보세요.

저는 13세 때 제 돈으로 휴대폰을 사도 좋다는 허락을 받았어요. 그런데 부모님은 처음부터 제 문자 메시지를 부모님의 휴대폰에 모두 전달되도록 제 스마트폰 설정을 바꾸셨죠. 고등학교 때 친구들에게 이 이야기를 하니까 다들 기겁했어요. "정말로? 정말로 부모님이 너의 문자 메시지를 다 볼 수 있게 했어? 나라면 절대 그렇게 하지 않을 거야!" 친구들에게는 말도 안 되는 일이 제게는 전혀 이상한 일이 아니었죠. 그건 우리가 편하게 자신을 열 수 있도록 부모님이 좋은 분위기를 만드셨기 때문이에요. 가끔 힘들기는 했지만, 부모님이 이런 원칙을 세우신 것이 지금은 정말 감사해요. 그 덕분에 스마트폰으로 부적절하거나 지혜롭지 않은 말을 하지 않을 수 있었어요. 친구들도 저에게 메시지를 보낼 때는 조심했고요.

소셜 미디어와 문자 메시지 외에 인터넷 사용에서도 부모님은 공개의 원칙을 고수하셨어요. 16세가 되기 전에는 아이폰에 애플스토어나 아이튠즈, 사파리를 설치할 수 없었어요. 부모님은 제가 16세 때까지 그 규칙을 잘 지키면 커버넌트 아이스(음란물 중독을 막고, 디지털 무결성을 유지하도록 설계된 인터넷 필터링 소프트웨어—편집자 주)라는 앱을 설치하고 마음껏 인터넷을 이용할 수 있게 해주겠다고 약속하셨죠. 이 앱을 사용하면 웹 서핑은 할 수 있었지만, 매주 저의 인터넷 검색 기록을 정리한 메일이 부모님께 전송되었어요. 아빠도 컴퓨터에 이 앱을 설치했어요. 이런 모든 일을 한 이유는 우리의 온라인 활동을 공개적으로 하기 위해서였어요.

언제가 적당한가?

십대들을 인터뷰할 때 다음과 같은 질문에 대한 답을 듣고는 깜짝 놀랐어요. "여러분이 중학생 자녀의 부모라면 자녀가 소셜 미디어를 사용하도록 허락하겠어요?" 단 한 명도 빼지 않고 "절대 안 된다!"라고 대답했어요. 그들은 계속해서 이렇게 말했어요. "소셜 미디어에는 쓰레기 같은 것이 너무 많아요. 자녀가 고등학교에 들어갈 때까지 절대 허락할 수 없어요. 그 뒤에도 인스타그램만 허락할 거예요. 스냅챗은 절대 안 돼요." 한 십대의 말을 소개해볼게요.

> 내 아이들에게는 스냅챗을 절대 허락하지 않을 거예요. 거기에는 어린 십대는 물론이고 어른에게도 유익하지 않은 것이 너무 많아요. 그런 데 시간을 쏟는 건 너무 아까운 일이에요. 십대들은 그런 것에 사로잡히기가 너무 쉬워요. 정치적으로 매우 자유분방한 내용이라든가 선정적인 사진이 가득하죠. 스냅챗이라는 매체의 특성뿐 아니라 거기에서 공유되는 모든 콘텐츠가 좋지 않아요. 사진이 사라질 수 있는 기능은 정말 위험하다고 생각해요.

모든 십대가 이런 강한 반응을 보인 건 아니지만, 스냅챗을 부정적으로 보는 십대가 이렇게 많다는 사실은 뜻밖이었어요. 우리는 소셜 미디어와 함께 자란 세대니까요. 이 십대 중 대부분은 스냅챗 계정을 가졌지만,

미래의 자녀에게는 특정한 나이가 될 때까지, 심지어 끝까지 그 앱의 사용을 허락하지 않겠다고 단호하게 말했어요. 그러니 자녀가 계속해서 졸라도 이런 앱에 매우 위험한 요소가 많다는 점을 꼭 기억하세요.

자녀가 지켜보고 있다

부모 자신은 온종일 스마트폰을 하면서 자녀에게 휴대폰을 그만하라고 말하면 위선처럼 보일 수 있어요. 한 십대는 다음과 같이 말했어요.

> 우리 아빠는 스마트폰에 푹 빠져 살아요. 나와 함께 있을 때 보면 스마트폰을 잠시도 손에서 놓지 않죠. 내가 어떻게 하루를 보냈는지 아빠에게 이야기하고 싶어도 아빠는 스마트폰만 들여다보고 있을 때가 많아요. 아빠는 "듣고 있어"라고 말하시지만, 나는 아빠가 내 말에 전혀 신경 쓰지 않으신다고 느꼈어요. 아빠는 학교에서 나를 차에 태워 집으로 데리고 올 때는 라디오를 들어야 하니까 말을 걸지 말라고 하셨

어요. '내가 라디오보다도 못한가?'라는 생각이 들기도 했죠. 차를 타고 집에 올 때가 아니면 아빠와 단둘이 있는 시간이 별로 없었는데도, 아빠는 라디오를 들어야 한다고 말도 걸지 못하게 했어요. 스마트폰을 많이 하는 아빠를 보고서 나도 똑같이 하기 시작했죠. 아빠가 스마트폰 그만 보고 함께 있는 사람에게 집중하라고 핀잔을 줄 때만 빼고 말이죠. 자기도 그렇게 안 하면서 나한테만 하지 말라고 하는 아빠를 정말 이해할 수 없었어요.

우리 집에서는 모두 스마트폰을 손에서 놓는 시간을 정했어요. 가족끼리 저녁 식사를 하는 시간에는 모든 사람이 자기 스마트폰을 다른 방에 두고 왔어요. 십대는 물론이고 부모님도 스마트폰을 확인하고 싶은 유혹 자체를 없애는 게 중요한 것 같아요. 자녀는 늘 부모를 지켜보고 있어요. 부모가 정해진 시간 동안 스마트폰의 유혹에서 벗어나는 본을 보여주어야 자녀도 그 본을 보고 따를 수 있어요.

부모가 '열린 마음'을 추구하면

스마트폰으로 인한

자녀와의 갈등을

더 쉽게 해결할 수 있어요.

양심 보여주기

제가 고등학교에 다닐 때 한번은 이런 일이 있었어요. 온 가족이 밤에 함께 영화를 보기로 했는데 부모님이 어릴 적에 감명 깊게 보았던 추억의 영화를 골랐어요. 그런데 영화가 시작한 지 몇 분 지나지 않아서 부적절한 장면이 나왔어요. 부모님은 그 영화에 그런 장면이 있었는지 까마득히 잊어버리고 계셨던 거예요. 그 장면이 나오자마자 아빠는 소파에서 벌떡 일어나 다른 것을 틀었어요. 그리고 이런 내용이 포함된 영화를 골라서 미안하다고 사과하고서 영화의 나머지 부분을 볼 가치가 없는 이유를 설명하셨어요. 이 외에도 아빠는 양심에 따라 스크린 콘텐츠를 분별하는 본을 자주 보여주셨어요. 아빠의 이런 모습이 십대 시절에 제게 큰 영향을 미쳤어요. 그렇게 저는 미디어 콘텐츠를 선택할 때 양심의 소리를 듣고, 그에 따라 행동하는 법을 배웠어요.

실수로 부적절한 내용이 담긴 미디어 콘텐츠를 보게 될 수 있어요. 저도 한번은 제 방에서 혼자 넷플릭스 드라마를 보는데 지나치게 성적인 장면이 나오는 거예요. 제가 그 드라마를 계속 봤어도 아무도 알지 못했을 거예요. 하지만 그만 보라는 성령의 음성이 분명하게 느껴졌어요. 그 주에 아빠는 '최근 시청한 동영상' 목록에 그 드라마가 있는 걸 보셨어요. 그리고 제가 중간에 껐다는 사실도 확인하셨죠. 나중에 아빠는 저를 불러서 그 드라마를 봤는지 물어보셨어요. 저는 부적절한 장면이 나와서 중간에 껐다고 설명했어요. 그때 아빠는 애초에 왜 그런 드라마를 봤냐고 혼내는 대신, 제가 양심의 소리를 들은 것을 칭찬해주셨어요.

부모가 자녀의 스마트폰, 미디어 사용을 온종일 관리할 수는 없어요. 자녀가 크면 음악과 영화, 소셜 미디어를 통해 어떤 콘텐츠를 접하는지 완벽하게 통제하는 것이 불가능해요. 하지만 부모가 양심을 따르는 본을 보여주고 자녀도 그렇게 하도록 가르치면, 자녀가 미디어를 선택할 때 스스로 분별력을 발휘할 수 있어요.

스마트폰 사용 공개, 열린 마음

스마트폰 사용을 공개한다는 원칙을 고수하면 자

녀와의 사이에서 '열린 마음'을 유지하는 데 도움이 돼요. 그리고 부모가 '열린 마음'을 추구하면 스마트폰으로 인한 자녀와의 갈등을 더 쉽게 해결할 수 있어요. 저도 스마트폰으로 인해 부모님과 많은 갈등을 빚었어요. 하지만 그것은 사실 스마트폰의 문제가 아니었어요. 그것은 바로 마음의 문제였어요. 그러니까 부모님이 제 생각에 귀를 기울이지 않은 것이 문제였어요. 그리고 저는 저대로 이기적으로 제가 원하는 것만 생각한 것이 문제였어요. 저는 부모님이 제 스마트폰 사용에 관해 꼬치꼬치 캐묻는다고 화를 낸 적이 많았어요. 그것은 우리의 '관계'에 문제가 있었기 때문이에요.

부모가 극단적인 반응 사이를 오락가락하면 자녀는 정말 힘들어요. 몇 달 내내 스마트폰과 인터넷 사용에 관해 거의 혹은 아무런 말도 하지 않다가 느닷없이 부모가 흥분해서 자녀의 휴대폰을 빼앗아 가거나 인터넷 사용을 금지하는 경우가 있어요. 그런데 부모님이 갑자기 폭발하지 않고 대화로 문제를 해결하려고 하셨을 때 저도 옳은 반응을 보일 수 있었어요.

첫 번째 장에서 말했듯이, 관계와 '마음의 연결'이

가장 중요해요. 소셜 미디어와 스마트폰은 우리 세대의 삶에서 많은 부분을 차지하고 있어요. 자녀가 싫어해도 온라인 활동에 관해서 자녀와 솔직하게 서로 존중하는 대화를 하려고 노력해보세요. 자녀의 온라인 활동에 개입하는 것은 어렵지만 꼭 필요한 일이에요. 하나님께 기도로 도움을 요청하면서 집안에 공개의 문화를 정착시키기 위해 인내로 노력하세요. 그렇게 하면 하나님과의 관계는 물론이고 가족 구성원들이 서로 더 가까워질 거예요.

6장

건전한 이성 교제를
할 수 있도록
도와주세요

이번에는 남녀 관계에 관한 이야기를 해볼까 해요. 이번 장에 관해서 처음 고민할 때만 해도 제가 이 주제에 관한 글을 쓸 자격이 없다고 생각했어요. 부모님과 저는 아직 이 문제를 헤쳐나가는 중이기 때문이에요. 여기서 제 목표는 굴곡이 있는 대로 우리가 지나온 과정을 솔직히 이야기하고, 그 과정에서 도움이 되었던 것들을 나누는 거예요.

이것은 어렵지만 정말 중요한 문제예요. 십대 자녀와 꼭 이야기를 나누어야 하는 문제지요. 모든 십대는 어떤 식으로든 성적인 생각과 감정, 유혹을 다루고 있어요. 그런데 부모에게는 이것이 십대 자녀와 이야기를 나누기가 가장 어려운 주제라는 사실을 알아요. 이런 이야기를 나누는 것은 골치 아프고 어색한 일이기 때문이지요. 자녀 입장에서도 사실 이 주제는 말하기가 창피하고, 부모님에게 혼이 날까 봐 염려돼요. 십대들은 이런 이야기를 아예 피하기 쉽고, 부모들도 이런 이야기를 꺼리는 경우가 많아요.

우리 부모님이 집안에서 남녀 관계에 관한 이야기를 할 때 자주 사용한 구절은 잠언 4장 23절이에요. "모든 지킬 만한 것 중에 더욱 네 마음을 지키라 생명의 근원이 이에서 남이니라." 이 구절은 인생의 여러 영역에 적용할 수 있지만, 우리는 남녀 관계에서 마음을 지키는 문제와 관련해 자주 나누었어요. 우리의 몸을 지키는 것도 중요하지만 마음을 지키는 것도 그에 못지않게 중요해요. 마음을 지킨다는 것은 무엇에 우리 마음을 줄지 조심해서 선택해야 한다는 뜻이에요.

모든 관계 혹은 정서적 애착은 우리 마음의 일부를 누군가에게 주는 거예요. 하나님은 남녀 사이에서 이런 아름다운 연결이 이루어지도록 우리를 창조하셨어요. 하지만 우리 부모님은 적절한 때와 적절한 사람을 위해 마음을 지키는 것이 중요하다고 강조하셨죠. 아가서 8장 4절은 이렇게 말해요. "적절한 때가 오기 전에는 사랑을 일으키거나 깨우지 말라"(HCSB성경—역자 사역). 고등학교 시절에 남녀 관계가 서로 깊은 상처만 남긴 채로 끝나는 모습을 너무나 많이 봤어요.

제가 부모님과 남녀 관계에 관한 대화를 나눌 때 가장 중요한 것은 모든 것을 솔직하게 털어놓을 수 있는 신뢰의 관계였어요. 남녀 관계에 관해서 아빠와 처음 나눈 대화를 생생하게 기억해요. 중학교 때 같은 학교에 다니는 한 남자애에게 반한 적이 있었어요. 이 감정을 아빠한테 털어놓아야 한다는 걸 알았지만, 그 생각만 해도 가슴이 울렁거렸던 것이 기억나요. 너무 어색하고 이상해서 정말 하기 싫었어요.

하지만 이런 감정을 꾹꾹 누른 채 아빠에게 털어놓았더니, 제가 예상했던 것보다 대화가 훨씬 잘 풀렸어요. 아빠는 솔직히 이야기해줘서 고맙다고 하셨어요. 대화가 끝나갈 즈음 아빠는 이렇게 말씀하셨지요. "언젠가 네가 완벽한 남편을 찾을 때까지 아빠와 함께 노력해보자꾸나. 그 과정 내내 네가 혼자가 아니라는 걸 기억해주었으면 좋겠다. 함께 좋은 짝을 찾아보자. 그때까지 계속해서 모든 걸 솔직히 말해주면 좋겠구나. 아빠가 항상 귀를 기울여주마. 이 길을 함께 가자꾸나." 십대 시절 내내 아빠의 이 말씀을 잊지 않았어요. 이 말씀을 기억할 때마다 남녀 관계라는 복잡한 길을 끝까지 함께해주시겠다는 부모님의 사랑과 헌신을 떠올릴 수 있었죠.

부모님이 남자애들에 대한 제 감정, 그리고 성적인 생각이나 고민에 관심을 쏟고 필요한 질문을 해주신 덕분에 고등학교 시절을 무사히 지날 수 있었어요. 십대들과 대화를 나눠보니 중학교 때 부모님과 한 번 '대화'하고 나서는 그 주제에 관한 이야기를 다시는 꺼내지 않은 사람이 많았어요. 이것은 십대들에게 지금만이 아니라 나중에 어른이 된 뒤의 삶에서도 극도로 중요한 문제예요. 따라서 한 번의 대화만으로는 부족해요. 이런 대화가 때로는 어색하고 힘들지만, 제가 혼란스러운 생각이나 감정을 풀어낼 수 있도록 부모님이 곁에서 귀를 기울이고 함께 고민해주셔서 얼마나 감사한지 몰라요.

은혜와 진리

성은 십대들이 부모와의 대화에서 꺼내기 쉽지 않은 주제예요. 수치심이나 거부에 대한 두려움을 느낄 수 있기 때문이에요. 한 십대는 다음과 같이 말했어요.

> 중학교에 다닐 때 실수로 인터넷에서 성적인 것을 보게 되었어요. 그전에는 그런 것을 한 번도 본 적이 없어서 그것을 보았다는 사실만으로 그 즉시 수치심과

> 죄책감이 밀려왔죠. 엄마에게 가서 자초지종을 이야기했어요. 그것을 말하는 내내 괴롭고 두려웠어요. 가장 큰 상처를 받은 것은 엄마가 나를 은혜로 감싸주지 않고 정죄하셨다는 거예요. 내가 일부러 찾아서 본 것도 아닌데 엄마는 그 일로 나를 벌주었어요. 심지어 그 일에 관해서 대화도 나누지 못했어요. 그 뒤로 부모님께 뭐든 털어놓기가 두려웠어요. 아주 오래전 일인데도 그 일만 생각하면 괴롭고 슬퍼요. 솔직히 털어놓았는데 엄마가 내게 죄책감과 수치심만 심어주셨기 때문이에요.

안타깝게도 부모와 십대 자녀 사이에서 이런 일이 정말 흔해요. 우리 부모님도 제가 충격적인 사실을 고백했을 때 분노나 실망감을 표현하지 않기가 힘들 때가 있었다고 털어놓으셨어요. 부모가 자녀와 이런 대화를 나눌 때 꼭 필요한 것은 "은혜와 진리가 충만"한 모습을 보여주는 거예요. 이것은 요한복음 1장 14절에서 예수님의 사역을 묘사할 때 사용한 표현이에요.

자녀에게 은혜와 사랑은 많이 주지만, 진리가 충만한 대화는 나누지 않는 부모들이 있어요. 반대로, 진리는 많이 알려주지만, 은혜와 사랑은 부족한 부모들도 있죠. 안타깝게도, 자녀에게 아무런 관심이 없어 은혜와 진리 모두 제시하지 않는 부모들도 있어요. 부모가 남녀 관계와 같은 까다로운 문제에 관해서 이야기할 때 많은 은혜를 보여주면 자녀들은 고마워할 거예요.

성적인 생각을 털어놓는 것은 창피할 수밖에 없어요. 자신이 성적인 생각을 했다는 사실에서 죄책감을 느낄 수도 있어요. 그렇다 보니 십대들은 이런 이야기를 터놓지 못하기가 쉬워요. 다행히 제가 개인적인 문제를 털어놓을 때마다 우리 부모님은 은혜롭게 대해주셨고, 저의 정직함을 칭찬해주셨어요. 그러니까 마음이 편해져서 계속해서 모든 문제를 두 분께 솔직히 이야기할 수 있었어요. 부모님이 이런 식으로 대화를 해주신 덕에 덜 창피했어요. 그래서 제 문제를 더 자세하고 솔직히 이야기할 수 있었죠. 하지만 제가 부모님과 나눈 대화는 은혜만 있었던 게 아니라 진리로도 충만했어요. 부모님은 남녀 관계를 어떻게 다루어야 하는지 분명하게 알려주시며, 제 마음을 지키도록 도와주셨죠. 은혜로 충만하다는 건 자녀를 향한 사랑과 헌신의 마음을 분명하게 표현한다는 뜻이에요. 또 진리로 충만하다는 건 문제점을 정확히 지적한다는 걸 의미해요.

엄마는 제게 남녀 관계에 관한 경험담을 솔직히 이야기해주셨어요. 제가 십대들과 이야기해보니, 부모님들이 자녀도 똑같은 실수를 저지르게 부추기는 꼴이 될까봐 부모 자신의 실수를 이야기하지 못하는 경우가 많았어요. 하지만 오히려 십대들은 부모님이 어떤 실수를 저질렀고, 그 일에서 어떤 교훈을 얻었는지를 알려준 것이 도움이 되었다고 말했어요. 그런 대화는 부모가 독립할 준비를 하는 자녀와 우정을 쌓는 데도 도움이 되죠. 십대가 남녀 관계의 문제를 잘 헤쳐나가려면 부모 자녀 사이의 끊임없는 대화가 꼭 필요해요.

저와 부모님 사이에 분명한 경계와 규칙을 정한 것도 도움이 되었어요. 규칙을 어떤 식으로 정해야 한다는 원칙은 없어요. 십대마다 다 다르니까요. 부모가 자신의 가정과 아이에게 맞는 규칙을 잘 판단해서 정하면 돼요. 다만 제가 고등학교 시절에 부모님이 정해주신 규칙 몇 가지는 소개하고 싶어요. 그 규칙들이 제게는 큰 도움이 되었거든요.

먼저, 우리 부모님은 고등학교 시절에는 이성 교제를 허락할 수 없다는 규칙을 세우셨어요. 고등학생의 이성 교제를 비난할 생각은 없어요. 다만 부모님은 대학교에 들어가기 전에는 이성 교제를 절제해야 한다고 판단하셨고, 저도 그렇게 하는 것이 옳다고 생각했어요. 그 이유는 무엇보다도 이성 교제가 결혼을 위한 준비이기 때문이에요. 이성 교제는 훗날 상대방과 결혼할 가능성을 염두에 두고서 사귀는 거예요. 그렇다면 고등학교 시기가 누군가와 언젠가 결혼할 가능성을 타진하기에 적절한 시기일까요? 그렇지는 않은 것 같아요. 그래서 저는 고등학교 시절에는 남자애들과 우정만 쌓고, 이성 교제는 대학교에 간 뒤로 미루기로 했어요.

다른 규칙에는 밤 10시 이후에는 이성과 메시지를 주고받지 않는 것, 혼자 영화를 보지 않는 것, 이성과 일대일로 어울리지 않는 것이 있었어요. 솔직히 이런 규칙을 따르기는 정말 힘들었어요! 고등학교에서 저는 '절대 사귈 수 없는 여자애'로 통했으니까 말이에요. 다들 별

것 아니라고 여기는 일을 저는 못 하니까 답답하기도 했죠. 그럴 때마다 부모님께 제 마음을 솔직히 말하고 많은 대화를 나누었어요. 부모가 규칙을 마음대로 정해놓고 그 규칙에 관해서 말도 꺼내지 못하게 하면, 자녀는 더 힘들 수밖에 없어요.

부모님은 우리가 성숙해질 때마다 규칙을 조정해줄 거라고 분명히 말씀하셨어요. 그냥 나이를 먹는 것이 아니라 성숙해지는 게 중요했어요. 나이를 먹는 것과 함께 성숙해질 때마다 저는 특권들을 얻었고, 남녀 관계에 관한 규칙은 바뀌었어요. 부모가 마음대로 규칙을 정해놓고 자녀가 성숙해져도 조정해주지 않으면, 자녀는 원망을 품을 수 있어요.

어려운 대화

남녀 관계에 관한 부모님과의 대화가 이론적인 수준에 머물 때는 부모님의 규칙을 따르기가 아주 쉬웠어요. 그러니까 진정으로 관심이 가거나 강하게 끌리는 상대가 없을 때는 별다른 문제가 없었어요. 남녀 관계에 관해서 부모님과의 사이에서 가끔 실랑이가 있기는 했지만, 고등학교 시절의 처음 몇 년간은 큰 문제가 없었어요.

하지만 3학년 때 제가 진지하게 관심을 가진 상대가 나타나면서 모든 것이 바뀌었어요. 정말 사귀고 싶은 남자애가 나타나자, 남녀 관계에 관한 제 생각이 바뀌기 시작했어요. 제게 남녀 관계가 이론이 아닌 현실이 되면서 힘든 시기가 찾아온 거예요.

고등학교 3학년 때 부모님의 규칙이 제약으로 느껴지기 시작하면서 많은 굴곡을 겪었어요. 부모님은 규칙을 고수하셨고, 저는 이성을 사귈 수 없는 이유에 관해서 그 남자애와 많은 대화를 나누었어요. 당시에는 힘들었지만, 제 감정에 따라 행동하지 않고 기다리길 잘했다는 걸 나중에 알게 되었어요. 당시에는 제가 이성을 사귈 준비가 충분히 되었다고 생각했지만, 지나고 보니 전혀 그렇지 않았어요. 지금은 부모님 덕분에 많은 문제를 피할 수 있었다고 생각해요. 그 힘든 시기에도 부모님과 계속 대화했어요. 때로는 그렇게 대화하는 것도 힘들었죠. 눈물을 펑펑 흘리기도 했고요. 그렇지만 우리의 대화는 항상 연민과 사랑으로 가득했어요.

한 십대는 남녀 관계에 관해 부모와 나누었던 대화를 돌아보며 다음과 같이 말했어요.

> 부모님이 이성 문제에 관해서 나를 가르칠 때 좋은 의도로 하셨다는 걸 잘 알아요. 하지만 부모님이 내게 너무 겁만 주셨다는 생각이 들어요. 부모님은 이성을 너무 깊게 사귀면 큰일이 날 것처럼 말씀하셨어요. 미래의 결혼 생활도 망칠 수 있다는 식으로 말씀하셨죠. 무슨 의도로 그렇게 말씀하셨는지는 알지만, 그 의도를 전달하는 방식에는 문제가 있었어요. 부모님은 한번 잘못된 사람을 사귀면 망가진 인생을 되돌릴 수 없고, 나중에 결혼 생활도 제대로 할 수 없다는 식으로 말씀하셨어요. 관계에 관한 이런 완벽주의적인 태도는 어릴 적 내게 악영향을 미쳤어요. 나는 누구와도 사귀기를 두려워하는 사람으로 변해갔어요. 부모님이 다르게 해주셨더라면 좋았을 것 같아요. 실수에 대한 두려움 때문에 좋은 결정을 내리라고만 하지 않고, 그냥 나를 끝까지 도와줄 거라는

점을 강조하셨다면 얼마나 좋았을까요.

또 다른 십대는 고등학교 시절이 끝날 무렵에 부모님이 남녀 관계에 관한 걱정을 다음과 같은 방식으로 표현했다고 했어요.

> 잭과 내가 사귀기 시작했을 때 우리 부모님은 매우 엄격한 규칙을 세우셨어요. 그런데 어느 날 밤 우리가 지하실에서 내 형제자매와 함께 영화를 봤던 적이 있었어요. 그때 잭과 나는 같이 담요를 덮고 있었어요. 이것은 별것 아닌 일로 보이지만, 부모님은 우리가 영화를 볼 때 같이 담요를 덮지 말라는 규칙을 정하셨어요. 영화를 보던 중 아빠가 잠깐 내려왔다가 우리를 보셨어요. 아빠가 우리의 행동을 마음에 들어 하지 않으신다는 걸 곧바로 알아챌 수 있었죠. 아빠가 그 자리에서 당장 화를 내실까 봐 조마조마했어요. 하지만 아빠는 그냥 다시 올라가셨고, 저는 안심했죠. 다음 날 아침, 아빠는 나를 따로 불러 왜 제

행동이 좋지 않은지를 자상하게 설명해주셨어요. 저는 문제를 지적하는 아빠의 방식에 크게 감동했어요. 아빠에게서 어떤 비난이나 분노도 느낄 수 없었죠. 그 일로 아빠와의 관계가 더 좋아졌어요. 그 뒤로 아빠의 조언과 지도를 더 잘 받아들이게 되었죠.

남녀 관계와 연애에 관해서 십대 자녀와 대화를 나누는 것은 쉽지 않을 수 있어요. 하지만 이것은 솔직한 대화가 꼭 필요한 영역 중 하나에요. 제가 또래들과 이야기를 나누어보니, 부모와 터놓고 대화를 나누는 아이와 그렇지 않은 아이 사이에는 눈에 띄게 큰 차이가 있었어요. 부모님과 터놓고 대화를 나누는 십대들은 대체로 규칙을 더 잘 지켜요. 연애의 목적도 더 분명히 알고, 의사소통 능력도 더 뛰어나요. 남녀 관계에 관해서 자녀와 대화를 나누는 것은 한 차례로 끝내고 말 일이 아니에요. 의도적이고 지속적인 대화가 이루어져야 해요. 정도의 차이는 있지만, 남녀 관계나 성 정체성, 성적 유혹의 세계를 헤쳐나가는 일에서 모든 십대는 도움이 필요

해요. 자녀의 마음을 추구하고, 모든 것을 믿고 터놓을 수 있는 관계를 쌓는 일을 끝까지 포기하지 마세요.

7장

올바른 길로
나아가도록
인도해주세요

여러분의 십대 자녀는 성인기에 들어갈 준비를 하고 있어요. 우리 부모님은 제가 하나님을 따르고 사랑하는 것을 가장 바란다고 말씀하셨어요. 분명 여러분도 모든 자녀가 하나님과 동행하기를 바랄 거예요. 지금 자녀의 마음을 추구하는 것이 시급해요. 자녀가 아직 집에 있는 기간이 중요하거든요. 이 특별한 시기에 자녀와 마음의 연결을 이루는 걸 뒤로 미루지 마세요. 자녀가 독립을 향해 나아가는 지금 중요한 결정을 많이 내려야 하므로 고민이 많을 거예요. 자녀가 이 중요한 시기에 분명한 방향과 목적을 찾도록 부모가 어떻게 도와줄 수 있을까요?

발사 각도를 정하라

로켓이 우주로 발사되는 것에 관해서 생각해보세요. 발사 각도가 좋으면 모든 과정이 잘 이루어져요. 하지만 발사 각도가 잘못되면 엔지니어들은 "일단 멈춰. 각도를 바로잡아야 해"라고 말할 거예요.

양육에서도 마찬가지예요. 자녀를 세상 속으로 발

사할 때 가장 좋은 궤적으로 발사해야 해요. 물론 자녀를 언제 어느 방향으로 보낼지 알기 위해서는 지혜가 필요해요.

우리 부모님은 대학교와 교육이 당연한 권리가 아니라고 늘 강조하셨어요. 부모님은 우리가 대학에 갈 만한 성숙함을 보여주지 않으면, 꼭 대학교에 보내줄 의무는 없다고 하셨어요. 재정적인 영역이 특히 그러했어요. 부모님이 우리의 삶에 필요한 비용을 내주고 계셨기 때문에 우리는 두 분이 정한 규칙과 기준을 따라야 했어요. 하지만 우리가 18세 이후에 재정적으로 완전히 독립하면 규칙을 정하는 책임은 우리에게 넘어오는 거였죠.

자녀의 발사 각도를 늘 주시하세요. 자녀가 좋은 선택을 내리고 있나요? 그들의 영적 건강 상태는 어떠한가요? 정서적 건강은 어떠한가요? 이 모든 질문은 자녀가 독립적인 생활을 시작할 준비를 할 때 던져봐야 할 중요한 질문이에요.

분명 여러분은 최대한 좋은 궤적을 정해서 자녀를 세상에 보내고 싶을 거예요. 하지만 발사 각도가 좋지 않다면 어떻게 해야 할까요? 위험 신호가 나타나면 어떻게 해야 할까요? 다음과 같은 방법을 고려해보세요. 성인기를 향한 '발사'에 관해서 자녀와 이야기할 시간을 마련하세요. 성인기를 맞을 준비가 되었다고 생각되는 세 가지 영역과 좀 더 성장이 필요해 보이는 세 가지 영역을 찾아보게 하세요. 자녀가 잘하고 있는 영역들을 찾으면 칭찬하고, 자랑스럽다고 말해주세요. 그런 다음, 성장이 필요한 영역들에 관해서는 앞으로 어떻게 보완할지 자녀와 함께 고민하고 이야기를 나누세요.

여러분이 자녀와 같은 십대였을 때 얼마나 성숙했는지도 생각해보세요. 어떤 영역에서 성인기를 위한 준비가 되어 있었나요? 자녀에게 이런 것에 관해서 말해주세요. 특히, 그 나이에 잘하지 못했던 점들을 말해주세요. 저는 고등학교 3학년 때 부모님과 이런 이야기를 많이 나누었어요. 부모님이 제가 인정할 수 없는 문제점을 지적하실 때는 받아들이기 힘들었죠. 하지만 사랑을 바탕으로 한 대화와 기도를 통해 부모님의 시각을 점점 이해할 수 있게 되었어요. 제가 잘되기를 바라는 마음도 볼 수 있었고요. 부모님도 제 말을 듣고서 이 과정에서 부모와 자녀가 함께 성장해갈 수 있다는 사실을 깨달으셨대요.

무엇을 최우선 사항으로 삼아야 하는가?

자녀는 부모가 무엇에 관심이 있는지, 무엇에 가장 많은 시간과 노력을 쏟는지를 알 수 있어요. 앞서 말했듯이, 여러분의 궁극적인 바람은 자녀가 하나님을 사랑하고, 그분을 섬기기 위해 최선을 다하는 사람으로 자라는 거예요. 그런데 여러분은 그런 바람을 자녀에게 잘 전달하고 있나요?

자녀의 눈에는 부모가 영적 성장보다 학업이나 경기 성적, 사회적 지위 같은 것에 더 관심이 있는 것처럼 보일 때가 많아요. 많은 부모가 이런 것에 시간과 돈과 노력을 쏟아붓고 있죠. 부모가 성적과 좋은 대학 진학만을 원한다고 말하는 십대가 많았어요. 부모들은 자녀의 성적이 좋으면 기뻐하죠. 반대로, 자녀의 성적이 나쁘면 실망하고 화를 내요. 많은 십대와 그 부모들이 학교 성적에만 목을 매고 있어요. 모든 대화의 주제가 학교 성적이죠. 부모가 늘 학교 성적이나 스포츠 경기 성적에 관한 이야기만 하면, 자녀는 그것을 부모의 최우선 사항으로 보게 돼요.

자녀에게 경건한 성품을 길러주는 것이 궁극적인 목표라면 실제로 그 목표에 시간과 노력을 쏟고 있나요? 제게 큰 도움이 된 것 중 하나는 부모님이 주중에 저의 영적 상태에 관해 깊은 대화를 나눌 시간을 정하신 거예요. 우리는 집안 상황, 학교에서 경험하는 어려움, 당시 하나님이 제게 가르쳐주고 계신 것 등에 관한 이야기를 나누었어요. 이런 대화 덕분에 우리 부모님이 제 학교 성적보다 영적 성장과 성숙에 더 관심이 많다는 것을 실제로 느낄 수 있었어요.

인격 훈련은 정말 중요해요. 자녀가 성인기를 잘 준비하도록 도우려면 이 훈련이 꼭 필요해요. 한 십대는 다음과 같이 말했어요.

> 엄마가 나를 좀 더 엄격하게 키웠더라면 더 좋았을 것 같다는 생각을 가끔 해요. 고등학교 시절에 엄마가 내게 책임감을 가르쳐주셨다면 좋았을 거예요. 엄마는 내게 심부름을 시킨 적도 없고, 몇 시까지 귀가하라고

> 말한 적도 없어요. 혼을 내신 적도 없고요. 엄마가 항상 나를 응원해주고 음악과 학업의 재능을 칭찬해주신 것에는 늘 감사하고 있어요. 하지만 엄마는 내 인격에 문제점이 많은 걸 알면서도 혼을 내지 않으셨어요. 제가 인생의 길에서 나중에 만날 어려움에 관한 대화도 엄마와 나눈 적이 없고요. 그래서 대학에 들어갔을 때 내가 전혀 준비되어 있지 않다는 사실을 깨달았어요.

책임감, 갈등 해결 능력, 근면 같은 것은 독립을 향해 가고 있는 모든 십대가 갖추어야 할 품성이에요. 부모님들은 이런 영역에서 자녀를 훈련할 시간을 내야 해요. 이것들은 자녀에게 평생 도움이 될 품성이기 때문이에요.

모든 것에 관해 기도하도록 가르치라

인생의 큰 결정을 내릴 때는 많은 스트레스를 받을 수밖에 없어요. 고등학교 3학년 때 '멘붕'을 겪은 사람이 정말 많을 거예요. 이 시기는 좋은 학교를 선택하기 위해 고민하느라 스트레스가 극에 달하는 시기죠. 어떤 학교에 가는지에 따라 평생 무엇을 할지가 결정되니 얼마나 고민이 많겠어요? 이 시기에 많은 십대가 미래에 관한 걱정과 불안으로 잠을 못 이루어요. 자녀가 이런 인생의 큰 결정을 잘 내리도록 부모가 어떻게 인도해줄 수 있을까요?

우리 부모님이 제게 계속해서 말씀해주신 성경 구절 가운데 하나는 빌립보서 4장 6-7절이에요. 그 구절은 이렇게 말해요. "아무것도 염려하지 말고 다만 모든 일에 기도와 간구로, 너희 구할 것을 감사함으로 하나님께 아뢰라 그리하면 모든 지각에 뛰어난 하나님의 평강이 그리스도 예수 안에서 너희 마음과 생각을 지키시리라." 이 말씀대로 인생의 중요한 결정을 앞두고 제 모든 염려를 하나님께 맡겼더니 큰 도움이 되었어요. 한 십대는 항상 먼저 기도로 하나님께 나아가라고 부모님이 가르쳐주셨다고 했어요. 이 친구는 다음과 같이 말했어요.

> 우리 엄마는 모든 것에 관해서 기도하라고 하셨어요. 어느 대학교에 지원할지 고민하고 입시에 관한 스트

레스에 시달렸던 기억이 나요. 한번은 시험을 마치고 돌아왔을 때 엄마의 입에서 나온 첫마디가 "시험을 위해서 기도했니?"였어요. 나는 그 문제로 기도할 생각을 해본 적이 없다고 대답했죠. 그러니까 엄마가 이렇게 말씀하셨어요. "무엇을 하든 먼저 기도부터 해야 한단다. 하나님이 이 모든 일을 다스리고 계시기 때문이야." 엄마에게 이런 말을 하도 많이 듣다 보니 결국 나는 뭐든 힘든 일이 생기면 기도부터 하기 시작했어요. 특히 대학교에 가서 이런 습관이 큰 도움이 되었죠. 무슨 일이 생기든 나는 가장 먼저 기도로 대응하며 내 염려를 하나님께 맡겨요. 고등학교 때 내게 이 습관을 가르쳐주신 엄마에게 정말 감사해요. 남은 평생, 이 습관을 유지할 거예요.

저도 인생의 큰 결정 앞에서 기도를 마지막 수단이 아닌 첫 번째 대응으로 삼고 싶어요. 여러분의 자녀가 기도로 하나님께 나아가 그분의 음성을 듣는 습관을 기르면 평생의 유익이 있을 거예요.

자녀의 실패를 받아들이고, 그가 성장하도록 도우라

부모님들은 자기 자녀에 관해서는 다들 전문가예요. 하나님이 자녀에게 주신 재능을 가장 가까이서 지켜볼 수 있으니까요. 제가 고등학교에 다닐 때 우리 부모님이 잘하신 일 중 하나는 제 재능을 발견해서 칭찬해주신 거예요. 제가 뭔가를 잘하는 것을 볼 때마다 두 분은 실패를 두려워하지 말고 그 방향으로 모험하라고 격려해주셨죠.

많은 부모가 자녀에게 실패해도 괜찮다고 말해요. 하지만 여러분의 자녀가 실제로 실패하면 여러분은 어떤 반응을 보이나요? 부모가 자녀에게 실패해도 괜찮다고 말하고서 자녀가 실제로 실패하면 비난하는 경우가 많아요. 한 십대는 다음과 같이 말했어요.

> 나는 항상 성적이 좋았어요. 스스로 열심히 공부해서 전부 A 학점을 받았죠. 하지만 성적에 관해서 나 자신을 압박하는 경향이 있었어요. 부모님도 내 성적에 대해 높은 기대를 품고 계셨죠. 그런데 고등학교 3학년

때 정말 어려운 과목이 많아서 처음으로 수업을 잘 따라가지 못한 적이 있었어요. 그때 부모님은 최선을 다하기만 하면, B나 C 학점을 받아도 괜찮다고 말씀하셨어요. 한번은 내가 수학 시험에서 C 학점을 받고 깊은 좌절감에 빠진 적이 있어요. 내가 그 사실을 알렸을 때 엄마는 화를 내셨어요. 그때 정말 혼란스러웠죠. 부모님은 최선을 다하면 잘하지 못해도 괜찮다고 말씀하셨지만, 막상 그런 상황이 닥치니까 전혀 다르게 반응하셨어요.

여러분의 자녀는 때로 실패할 거예요. 그때 자녀를 격려해주세요. 십대들과 이야기를 나눠보니 많은 십대가 부모님의 기대에 부응해서 모든 것을 잘 해내느라 힘들어하고 있었어요. 자녀가 인격을 기르면, 그 어떤 실패도 너끈히 이겨낼 수 있어요. 한 십대가 실패할 자유에 관해 솔직하게 말한 것을 들어보세요.

친구들이 술과 마약, 음주 운전 따위로 대학교 첫 학

기를 완전히 망치는 경우를 많이 봤어요. 그건 모든 규칙이 사라졌는데 자신을 관리하는 법을 배우지 못했기 때문이라고 생각해요. 그 친구들에게는 대학 생활을 위한 규칙이 없었어요. 함께 규칙을 정해서 지켜나갈 동역자도 없었고요. 술 같은 문제에 관한 원칙이나 윤리의식도 없었죠. 하지만 부모님이 자녀에게 조금씩 자유를 늘려주면서, 밤에 나가서 친구들과 어울릴 수 있게 해주면 자녀는 옳은 결정을 내리는 연습을 할 수 있어요. 그러다 실패해도 아직 부모의 품 안에 있을 때 실패한 것이니까 괜찮아요. 어떤 문제에 빠져도 부모님에게 말하면, 그분들은 도와주실 거예요. 자녀가 아직 품 안에 있을 때 부모는 이런 식으로 자녀에게 모험하도록 격려하고, 문제가 생기면 바로잡아주어야 해요.

물론 너무 많은 자유는 위험하겠지만, 이 십대가 말한 원리만큼은 배울 만한 가치가 있다고 생각해요. 부모의 규칙 아래서 안전하게만 살다가 갑자기 아무런 규

칙도 없는 세상으로 나가면 완전히 망가질 수 있기 때문이죠. 물론 부모님이 이런 부분에서 균형을 유지하기는 쉽지 않아요. 이것을 완벽히 해내는 부모는 세상에 없어요. 우리 부모님도 제게 너무 많은 자유를 준 적이 있고, 반대로 자유를 충분히 주지 않은 적도 있어요. 그래서 자녀가 독립적인 삶을 향해 나아가는 동안 부모는 자신과 자녀의 실수를 용납할 수 있어야 해요.

조언해줄 다른 멘토들을 찾으라고 가르치라

잠언 19장 20-21절은 이렇게 말해요. "너는 권고를 들으며 훈계를 받으라 그리하면 네가 필경은 지혜롭게 되리라 사람의 마음에는 많은 계획이 있어도 오직 여호와의 뜻만이 완전히 서리라." 자녀에게 인생의 큰 결정 앞에서 지혜로운 조언을 구하라고 말해주세요. 우리보다 인생을 먼저 산 사람들이 경험에서 얻은 지혜와 시각을 들어보면 큰 도움이 돼요. 한 십대는 다음과 같이 말했어요.

우리 부모님은 내게 좋은 조언을 구하라는 잠언 말씀을 읽으라고 권해주셨어요. 주로 부모님께 이런 조언을 얻었지만, 부모님은 학교와 교회에서도 다른 멘토들을 찾아보라고 권하셨어요. 인생을 먼저 산 하나님의 놀라운 사람들에게서 듣고 배운 것이 내게 큰 도움이 되었지요. 그런 분들과 관계를 쌓고, 항상 지혜로운 조언을 구하라고 권해주신 부모님께 정말 감사해요.

개인적인 여정

고등학교 3학년 때 저는 대학에 가기로 마음을 굳혔어요. 홈스쿨링을 하면서 제가 항상 남들과 다른 길로만 가는 것 같았거든요. 이번에는 대학교에 가서 4년간 여느 친구들처럼 지내고 싶었어요.

부모님은 제가 대학교를 알아보는 걸 지지해주시면서도 1년간의 갭이어(자신을 탐색하고 경험을 쌓는 것을 목적으로 고등학교 졸업 후 대학에 진학하기 전, 여행이나 자원봉

사, 인턴십 등을 하며 시간을 보내는 것—편집자 주)를 고려해 보라고 권하셨어요. 부모님이 그런 말씀을 하실 때마다 저는 대뜸 화부터 냈어요. 대학 말고 다른 선택지는 생각도 하기 싫었거든요. 저는 독립을 갈망했고, 대학 진학이 부모님과 겪는 많은 갈등을 단번에 해결해줄 열쇠처럼 보였어요. 제가 그렇게 반항하면서도 감사했던 것은 부모님이 제가 어떤 결정을 내리든 물심양면으로 지원해주겠다고 말씀하신 거예요.

그해 1월, 저는 스코틀랜드 에든버러에 있는 한 공립학교에서 복음을 전하는 선교 여행을 갔어요. 여행의 끝 무렵에 갭이어를 갖고 그 시간의 절반은 고국에서, 절반은 에든버러에서 인턴 생활을 하라는 성령님의 부르심을 분명하게 느꼈어요. 수많은 감정이 뒤섞인 채로 그 여행에서 돌아왔어요. 하나님이 제가 무엇을 하기를 원하시는지 분명히 알았지만, 제 안의 모든 것이 그것에 저항했어요. 다른 친구들은 다 대학교에 갈 텐데 하나님이 왜 나만 불투명하고 외로운 미래로 부르시는지 알 수 없었어요.

엄마에게 이런 감정을 털어놓았더니, 엄마는 이사

야 55장 8-9절 말씀을 읽어주셨어요. "이는 내 생각이 너희의 생각과 다르며 내 길은 너희의 길과 다름이니라 여호와의 말씀이니라 이는 하늘이 땅보다 높음같이 내 길은 너희의 길보다 높으며 내 생각은 너희의 생각보다 높음이니라."

엄마의 기도 제목은 제가 하나님 앞에 내 뜻을 내려놓는 법을 배우는 거였어요. 어린 시절 내내 저는 아주 고집이 센 아이였어요. 지금도 마찬가지고요! 저는 계획을 세워서 그대로 따르기를 좋아해요. 또 항상 앞일을 알고자 해요. 그런데 1년간 갭이어를 보내면서 제가 삶을 통제한다는 생각이 완전히 무너져내렸어요.

그해를 돌아보면, 하나님이 제게 신실하심을 증명해 보이셨던 순간들이 떠올라요. 당시 저는 두려워하면서 많이 저항하기도 했지만, 1년간 학업을 쉰 것이 인생 최고의 결정이었다고 자신 있게 말할 수 있어요. 저를 위한 하나님의 계획을 믿고 과감히 나아가라고 격려해주신 부모님께 정말 감사해요.

그 시기에 부모님께 감사한 일 중 하나는 하나님이 주신 재능을 추구하라고 격려해주신 거예요. 저는 아빠의 사역을 따라다니면서 청소년들에게 강연하고, 십대들을 위한 커리큘럼을 짰어요. 그때 제게 사역에 대한 열정이 있음을 깨달았어요. 부모님은 안전지대에서 나와 스코틀랜드에서의 인턴 활동이라는 모험도 해보라고 격려해주셨어요. 저는 외국에서 돌아온 뒤에 앞으로 무엇을 하는 것이 하나님의 뜻인지 알기 위해 부모님과 함께 기도했어요. 그러던 차에 테네시주 내슈빌 소재 립스콤대학교에서 장학생 입학을 제안받는 기적과도 같은 일이 일어났어요.

모든 십대가 갭이어를 보내야 한다는 뜻으로 이 이야기를 하는 건 아니에요. 여러분의 자녀는 얼마든지 다른 선택을 할 수 있어요. 중요한 건 완벽한 프로그램이나 학교를 찾는 게 아니에요. 여러분의 자녀가 어디에 있는 것이 하나님의 뜻인지 부지런히 찾는 게 중요하다는 걸 말하고 싶어요. 우리 부모님은 제가 갭이어를 갖는 것이 가장 좋다는 걸 저보다 훨씬 먼저 아셨어요. 다만 부모님이 그것을 저에게 강요하실 수는 없었죠. 제가 스스로 결정을 내려야 했어요. 그때까지 부모님은 기도로 하나님을 부지런히 찾고 성령님의 음성에 무조건 순종하라고 가르쳐주셨어요. 이런 중요한 문제에서 부모가 자녀 대신 결정을 내려줄 수는 없어요. 하지만 부모님이 늘 저를 위해 기도하고 계시고, 어떤 경우에도 저를 지지해주실 것이라는 사실을 알았어요. 그것이 옳은 결정을 내리는 데 도움이 되었지요.

준비 완료!

저와 오빠가 둥지를 떠나 대학교에 갔을 때 부모님은 꽤 힘드셨을 거예요. 자식이 스스로 살아가도록 믿고 보내는 건 쉽지 않은 일이에요. 모든 부모는 자녀가 성공하고 하나님을 잘 따르도록 최상의 궤도로 세상을 향해 보내고 싶을 거예요. 하나님은 여러분의 자녀를 위한 계획을 갖고 계시며, 그들에게 특별한 능력을 주셨어요. 부모는 자녀가 그 능력을 발견하도록 도와야 해요.

제가 독립적인 삶 속으로 뛰어들 때 부모님과 저에게 가장 중요했던 점은 우리가 서로 관계에 끝까지 헌신하는 거였어요. 도중에 많은 굴곡이 있었지만, 우리 관계가 계속해서 좋아지는 것이 저의 간절한 바람이에요.

부모님이 제 삶에서 계속해서 친구이자 멘토, 기도의 전사 역할을 해주셨으면 좋겠어요. 그리고 아마 다른 십대들도 같은 마음일 거예요. 자녀와의 관계를 끈질기게 추구하세요. 자녀의 마음에 영향을 미치고, 하나님이 세우신 계획을 향해 자녀를 이끌어주기에 너무 늦었을 때란 없어요.

나오며

하나님이 이 책을 사용셔서 자녀의 마음을 용감하고도 끈질기게 추구할 마음을 여러분에게 주셨기를 소망하고 기도해요. 앞서 말했듯이, 부모들이 읽을 책을 쓴다는 것이 정말 부담스러웠어요. 저는 부모도 아니고 양육 전문가도 아니니까요. 하지만 하나님은 가족 관계에 관한 성경 말씀과 많은 굴곡을 거쳐온 우리 가족의 관계에서 배운 점들로 제 마음을 움직이셨어요.

이 책을 쓰는 과정에서 가장 좋았던 건 다른 십대들을 인터뷰한 거였어요. 솔직한 이야기와 힘든 점에 관한 이야기를 들으면서, 이 책을 쓰는 게 정말 중요한 일이라는 확신이 점점 강해졌어요. 종교와 가족의 상황은 다 달랐지만, 십대들이 내놓은 대답과 통찰은 놀랄 정도로 비슷했어요. 몇 가지 주목할 만한 점들이 있었어요. 부정적인 면에 초점을 맞출 생각은 없지만, 몇 가지 주제가 눈에 띄게 반복되었어요.

"내가 고등학교에 다닐 때 부모님이 의도적으로 질문을 더 많이 해주셨다면 좋았을 것 같아요."

"부모님이 내 말에 진심으로 귀를 기울여주셨다면 좋았을 것 같아요."

"부모님이 내가 좋아하는 것들에 더 관심을 가져주셨다면 좋았을 것 같아요."

"내가 고등학생 때 가정 예배에 관심이 없는 것처럼 보였어도 부모님이 더 적극적으로 가정 예배를 드리자고 해주셨으면 좋았을 것 같아요."

"부모님이 내 영적 상태에 관해서 자주 물어봐주셨다면 좋았을 것 같아요."

"부모님이 화내지 않고 그냥 마땅한 벌을 내리셨다면 좋았을 것 같아요."

"고등학생 때 부모님이 규칙을 더 분명하게 정해주

셨다면 좋았을 것 같아요."

"부모님이 스마트폰과 소셜 미디어를 올바로 사용하도록 가르쳐주셨다면 좋았을 것 같아요."

"남녀 관계와 성적 유혹에 관해서 부모님과 더 많은 대화를 나눴다면 좋았을 것 같아요."

이 모든 말에서 공통적인 주제는 '관계'예요. 1장에서 말했듯이 제자 훈련보다 관계가 우선이어야 해요. 그리고 관계 쌓기는 오늘부터 시작할 수 있어요! 자녀가 어른이 되어서도 주님과 동행하기를 바란다면, 지금 자녀와 더 깊은 관계 맺기를 망설이지 마세요. 십대 자녀와 마음의 연결을 이루는 건 쉬운 일은 아니지만, 시간과 노력을 쏟을 가치가 있어요. 우리 가족의 삶에 막대한 영향을 미친 신명기 6장 5-7절 말씀으로 이 책을 마치려고 해요.

> 너는 마음을 다하고 뜻을 다하고 힘을 다하여 네 하나님 여호와를 사랑하라 오늘 내가 네게 명하는 이 말씀을 너는 마음에 새기고 네 자녀에게 부지런히 가르치며 집에 앉았을 때에든지 길을 갈 때에든지 누워

있을 때에든지 일어날 때에든지 이 말씀을 강론할 것이며.

분명 여러분은 하나님을 사랑하는 본을 자녀에게 보여주기를 원할 거예요. 하나님은 여러분에게 자녀가 하나님을 사랑하고 따르도록 돕는 소명을 주셨어요. 이건 너무도 특별한 소명이지요. 하나님은 여러분이 여러분의 자녀를 제자로 키우기에 가장 적합한 인물이라 여기셨어요. 그래서 여러분과 자녀의 관계를 망가뜨리려는 맹렬한 영적 공격이 끊이질 않을 거예요. 자녀의 십대 시절, 자녀에게 마음의 담을 쌓고 싶을 때가 한두 번이 아닐 거예요. 하지만 자녀의 마음이 어떠한지 이해하려는 노력을 절대 포기하지 마세요! 여러분이 아들딸과 평생 가는 그리스도 중심의 관계를 쌓을 수 있도록, 하나님이 이 책을 통해 여러분을 격려해주시고, 꼭 필요한 능력 주시기를 간절히 기도해요!